EDUCATING FOR
GLOBAL COMPETENCE
Preparing Our Youth To
Engage The World

大夏书系·西方教育前沿

# 全球胜任力

## 融入世界的技能

〔美〕韦罗尼卡·博伊克斯·曼西利亚（Veronica Boix Mansilla）

安东尼·杰克逊（Anthony Jackson）_著

赵中建 王政吉 吴敏 _译 / 赵中建 _审校

华东师范大学出版社
ECNUP
全国百佳图书出版单位

Educating for Global Competence: Preparing Our Youth to Engage the World

By Veronica Boix Mansilla & Anthony Jackson

上海市版权局著作权合同登记 图字：09-2018 -787 号

# 目录

# 序 一

在过去若干年中，我有机会与多位州首席学校官（chief state school officers）一起到世界诸多国家进行访问，如中国、英国、芬兰和新加坡，更多地学习它们的教育制度。这些访问强化了我对如下现象的认识：迅速发展的技术以及全球经济融合如何不断地将置身于世界各国所有社区的我们联系在一起。不论身处美国的路易斯维尔还是芬兰的赫尔辛基，教育工作者在为培养学生在 21 世纪生活和工作做好准备的同时，都面临着相同的挑战。我发现所有国家的人们都认识到，他们的经济发展前景与其子女的有效教育之间存在着直接的联系。显而易见的是，世界上绝大多数发达国家都在极力持续改善自身的教育制度。在这些国家，不论是在个人层面还是社会层面，人们都愿意做出牺牲去从事对于改善其孩子未来所必需的事情。每一次访问归来，我都强烈地意识到一种紧迫性，即必须提升我们孩子的教育，更好地支持发展他们的高阶思维技能（higher order thinking skills）以及他们有效应用这类技能去解决更广泛的问题的能力。在一定程度上，正是这些技能使得他们能够投身于这个新世界并为此做出贡献。

教育步骤全球胜任力项目组（以下简称教育步骤项目组）正是在这样的背景下成立的。在比尔与梅琳达·盖茨基金会的资助下，州首席学校官委员会（Council of Chief State School Officers, CCSSO）开始探寻如何来界定和评估这些复杂的重要技能和能力（skills and competences）。传统意义上，这类评估不仅投入巨大，而且很难操作。在广泛进行文献研究以及对该领域关键技能的调查，并在与来自众多教育机构和企业组织的代表们进行讨论后，我们日趋明晰的是，教育步骤项目组的工作包括了作为各种能力之一的人们所必需的全球胜任力（global competence）。为了探究这个问题，州首席学校官委员会在与亚洲协会全球学习合作伙伴（Asia Society Partnership for Global Learning）的合作下，就全球胜任力组建了一个项目小组，其组成人员来自州的教育机构、从事全球教育的非营利性组织以及以探究全球胜任力为工作任务的高等教育机构。

项目组成员在一年多的时间里经常聚在一起，讨论如何更好地界定全球胜任力并予以完善。他们对已有的研究和最佳实践进行评价，来探讨具有全球胜任力的学生应该具备什么样的能力。这一工作为形成本书所提出的全球胜任力之定义及其相联系的各种能力提供了一种途径。通过提供对全球胜任力的共同理解，项目组对这一正在出现的领域做出了卓越的贡献。我颇为欣赏项目组成员为此而做出的所有艰苦努力，而且我坚信这一全球胜任力的定义对全世界的教育工作者来说都是颇为有益的。

韦罗尼卡·博伊克斯·曼西利亚（Veronica Boix Mansilla）和安东尼·杰克逊（Anthony Jackson）在撰写此书时充分利用并提炼了教育步骤项目组成员的真知灼见，并进一步拓展思维。这一工作为教育中全球胜任力的适切性提供了有益的背景，清晰的实践应用显示出全球胜任力如何在教育者和学习者的相互关系中予以呈现。《全球胜任力》作为一种颇有价值的资源，将服务于教育者、管理者、决策者、社区领导者、学生及其家长。尽管此书并不代表各位州首席学校官或州首席学校官委员会的官方立场，但对持续的对话和规划而言，它依然是一种催化剂和资源。它会帮助我们所有人创造性和批判性地去思考：如何更好地让今天的学习者为他们所生活的这个世界做好准备？

感谢曼西利亚和杰克逊为此而做出的努力，感谢亚洲协会全球学习合作伙伴作为教育步骤项目组这一重要工作的合作伙伴，感谢他们共同出版了这本有价值的书。

通过对世界诸多国家学校的访问，我亲眼目睹了学生们所展示出的本书全面探讨的全球胜任力——探索世界，分辨视角，沟通思想，采取行动。向全球教育的领导者学习并与他们合作的过程，对于开展全美州首席学校官委员会的工作和变革美国的教育制度是至关重要的。显而易见的是，我们还有很多工作要做。各州都在致力于实施改革，以让下一代的学习者为终身学习、有意义的工作和成为世界公民做好准备。我衷心希望本书能够唤起对这些问题的全国性讨论，并为促进我们孩子们的全球胜任力提供具体的事例和资源。我们的未来依赖于我们是否有能力来共同迎接这些令人生畏的挑战。

吉恩·威尔霍伊特（Gene Wilhoit）

州首席学校官委员会执行主任

# 序　二

从一种公认的特权观点来看，此书应该不是必需的。在大多数思考过这一问题之人士的思想中，对确认全球化时代是什么，今天的学生需要一种具有全球意识的教育，这是显而易见的。年轻人需要了解各种产品、时尚、媒介、观点、思想以及人们在全球范围内的交流和流动。这些现象是真实的、强有力的，而且是普遍存在的。同样，今日世界乃至明日世界中正在出现的东西，需要人们做好准备去解决一系列现实存在的问题：人类冲突、气候变化、贫穷、疾病蔓延、核能控制等。

当然，这一卓越的、颇具前瞻性且叙述适当的著作是非常及时的，远比以往任何时候都更为必需。确实，人们可以为我们这个全球化时代确定一些典型教学的课例。但当今世界的绝大多数教学，依然拘泥于培养年轻人去适应19世纪和20世纪的生活。我们的课程（围绕着传统学科而组织）、我们的教学方式（大多数仍是讲授式的）、我们对媒介的使用（大多数仍是一页页文本式的）以及我们的评价（通常局限于多项选择题或简短问答）等，在过去几十年中几乎没有什么变化。教育中存在的这些主流现象无法应对我所提及的那些问题。

我个人几十年来的研究和实践让我相信：除非人们深刻地了解变革所面临的障碍，否则他们不可能带来变革。在全球教育领域中，这些障碍是明显存在的。这里仅列举若干最为突出的障碍：

- 除了某些例外，关心教育的教育者和决策者（无论如何界定他们）自己并没有机会去深入思考真正的全球化时代的教育；即使有这样的机会，他们自身所受的教育也无法让他们做好准备去认真且有效地从事这样的教育。

- 尽管不时出现有关传授 21 世纪技能和知识的呼吁，但大多数家庭或大多数公民并未对这样的创新教育抱有强烈的愿望。我们所有人几乎都上过学，都知道学校应该是什么样子的，但明显不同于我们传统教学方法的新方式却很少能够在社区中赢得赞许。至多，只要教育创新能够以传统的测量方式带来足够的成绩，那么人们就会宽容这些创新。

- 即使在对 21 世纪教育既有愿望又有政策时，我们的评估几乎都导向于传统学科的事实性知识，而且几乎从不提供方法去评估作为跨学科思想之特征的合作性思维。

- 或许在美国最为有害的——但其实并不仅仅在美国——是对教育的极度不信任，而这种不信任试图跨越国界并严肃对待与自身极为不同的国家或地区的习俗、价值观和优先事项，而这种地方主义和例外主义的观点在危机发生时会变得更为强烈和突显。世界主义、国际主义和全球主义经常被看作是危险的概念，甚或是引起"争端的言辞"。

　　然而，我们依然有希望的迹象。年轻人通常并不分享前辈的偏见，即使在他们能够这样做时，他们的思想很可能已经发生了变化。年轻教师更适宜于接受新观念、新媒体以及新的实践——全球化的各个方面已经成为他们的 DNA。本书中所描写的样本课程、教学方式和评估愈益为人们所熟知，并很好地得到了广泛传播。最终，那些以本书所提示之方法来变革其教育制度的地区和国家很快就会在国际上走在前列。这里列举的事例，不论是发生在印度、印度尼西亚、以色列还是意大利，都将刺激那些行动迟缓的国家紧紧跟上，以免落伍。

像那些深度参与教育和教育改革的人士一样，我依据自己的思想和优先事项来阅读此书，这并不令人惊奇。因为我长期且颇有意义地与曼西利亚一起共事，我发现自己的想法与本书所呈现的观点非常一致。我们都认识到，认知的不同方式、个性化的课程、理解力的不同表现、跨学科的立场以及对超越标准学科知识的人才的迫切需求是非常重要的，因为这样才能跨越知识的范围进行综合并创造出具有广泛基础的新知识。

在世界各地，教育部长们监测着他们各自国家在国际排名中的位次：当位次上升时他们会欢呼，而当位次下降时他们就焦虑。这是我个人所能预见到的一种需要改变的当务之急，在我看来，重要的是我们要学习其他国家正在做的好的方面。我赞赏像芬兰和新加坡这样的国家，它们在诸多方面不同于其他国家，但却拥有高绩效表现的学生。然而，世界并不会因为高的考试分数而获得拯救。在整个 20 世纪以及刚进入的 21 世纪，我们看到了太多所谓最优秀、最聪慧之人所犯下的令人难以置信的挑战世界的大错。灾难性的越南战争、入侵伊拉克无法预料的后果、2001 年和 2008 年的金融灾难，教育界和金融界的精英们因为这些可悲的事件承受了太多的谴责。

我们比以往任何时候更需要的是，像激光一样地聚焦于我们正在培养的各种人群（kinds of human beings）以及正在形成的各种社会（kinds of societies）——确实是全球化时代的世界性社会（world society）。这就是为什么在过去的近20年中，我的同事和我本人一直在研究怎样才能培养出好人、好工人、好公民。这也是为什么在最近几年，我们在研究范围之外寻找并在年轻人中培育这些积极的素质。绝大多数年轻人都想"做好事"，他们确实想做对的事情。但是他们所看到的模范所做的工作往往也充满了妥协和不负责任的公民行为。作为教育工作者，我们必须自己来塑造这些积极的美德；我们必须解释我们为什么去做我们所做的事情，为什么我们并不赞同其他可能的诱人的方法；我们必须愿意面对糟糕的工作和不良公民身份的例子，不论它们发生在20岁还是60岁时，不论它们发生在历史上、文学中还是我们的家乡；我们必须帮助年轻人形成他们自己的道德规范，这是他们能够而且应该在与其指导者和同伴产生关系时加以遵循的道德规范。

为了实现这一颇具雄心的目的，全球教育肯定是必要的。如果我们想拥有一个值得居住的地球，我们就必须毫不退缩地培养好将居住于此的人类，以及改变人们在经常令人难堪的环境中处理相互关系的方法。我同意本书作者要"采取行动"的呼吁，但要加上"积极主动、颇有助益且建设世界的行动"。

霍华德·加德纳（Howard Gardner）*

马萨诸塞州，剑桥

---

* 霍华德·加德纳系世界著名发展心理学家，"多元智能理论"创始人；哈佛大学教育研究生院教育学和心理学教授，波士顿大学医学院精神病学教授，哈佛大学零点项目研究所所长之一。出版《智力的结构：多元智能理论》等20多部著作，《纽约时报》称其为美国当今最有影响力的发展心理学家和教育学家。——译者注

# 导　言

　　新的全球趋势——经济的、文化的、技术的和环境的转向成为迅速但并不平坦的全球化浪潮的组成部分，成为当代社会的明显标志。构成我们时代特征的日益增长的全球相互依赖，呼吁每个人在面对地方、国家和全球公民生活的同时，都能有效地参与解决全球问题。简言之，让我们的学生做好准备去全面地回应今天和明天的要求，由我们来培育他们的全球胜任力。

　　本书介绍了在州首席学校官委员会教育步骤项目（Council of Chief State School Officers EdSteps Initiative, CCSSO-EdSteps）和亚洲协会全球学习合作伙伴的赞助下，由"全球胜任力工作组"（Global Competence Task Force）提出的全球胜任力的定义。工作组成员包括州级教育机构的领导者、教育界的学者和实践者。这一全球胜任力的定义依据各州的开创性工作以及致力于推动全球知识和批判性思维技能的广泛组织而提出。经过精细表述和审核，我们确定了全球胜任力的如下定义：

　　全球胜任力是理解全球重要意义之问题并对其采取行动的能力和倾向。

　　具有全球胜任力的个体富有意识、充满好奇且有兴趣去学习了解世界以及这个世界是如何运行的。他们运用存在于各门学科（数学、文学、历史、科学和艺术）中的大概念、工具、方法和各种语言来参与处理当今时代的问题。他们在调查这些问题时会展开并发展这类专门知识，形成多元视角，有效地传达他们的观点，并采取行动来改善条件。

本书是为一线教师、学校管理者、非正规教育工作者、决策者、社区领导者、研究者、学生及其家长以及所有有志于为21世纪培养年轻人的其他利益相关者所写。要想善于教授全球胜任力，就需要重新思考如何进行实践，并认识到成功不会轻易获得。因此，本书意味着要灵活地予以使用——浏览，建立联系，并专注于那些与你的工作最相关的章节。试验想法，挑战概念，并与同事分享。本书最终必然于你开卷有益。它应该以最能满足你需求的方式来阅读，激发你的好奇心，并在课堂上被证明是富有成效的。

本书第一章提供了美国和世界各地实施全球教育的理由。第二章介绍了全球胜任力的概念框架，并解释了学科基础和跨学科基础在学生学习中的关键作用。第三、第四、第五和第六章分别侧重于与全球胜任力密切相关的四种核心能力：探索世界，分辨视角，沟通思想，采取行动。第七章思考了讲授全球胜任力的核心教学原则。第八章着眼于学校和其他教育机构能够做些什么来促进全球胜任力，以及学校可能做些什么来为青年和成人创造一种全球胜任力的文化。最后，第九章把全球胜任力放在了美国乃至世界各地公共教育体系的更大框架内加以考察。

# 第一章

## 全球胜任力的根本依据

20 世纪时人们对这个世界的种种假设正在迅速化为泡影。全球化、数字革命、大规模迁移以及未来气候的不稳定性，都在引发人们新的担忧并呼唤新的人才。随着 21 世纪的到来，我们也正在重塑着自身对经济、交流、安全、文化身份、国籍和环境等问题的理解。确实，越来越多的报告都体现出这些变化给我们年轻一代所带来的全新要求和机遇。这些变化要求年轻人具备更加有效、适切、自主的学习方式，准备好在一个新的全球化环境中生活、竞争与合作。[1]

本章综述了影响地球上生命的三大因素：扁平化的全球经济以及工作的多变要求；史无前例的全球迁移以及社区、身份和国籍等性质的转变；气候的不稳定性以及对全球环境管理日益增长的需求。这三个转变的领域体现了一个转型中的世界——也指明了这个世界所提出的新的教育需求。以下内容将重点研究这几种转变并阐述本书提出的全球胜任力概念如何帮助教育者来应对这些转变所带来的挑战。

## 扁平化的全球经济以及工作的多变要求

想一想商业世界的变化：一个国家的公司在另一个国家雇佣工人；生产出来的商品被第三国的消费者购买；高速的互联网通讯、进口关税的降低以及政府对国外投资的鼓励大大促进了交易。这些平常的相互关联所带来的就是一个全球化的过程，并产生着前所未有的广度以及令人惊叹的速度与影响。全球化，也就是全球范围内日益加剧的商品、思想、人口和资本的流通，为全世界的劳动者提供了一个公平的竞争环境。[2] 能干可靠、成本实惠的劳动者越来越受到雇主们的欢迎，而工作地点变得不再那么重要了。

一种新的劳动力分配正在形成。那些涉及常规性任务或机械式重复的工作正在由计算机或发展中国家的劳动力来完成——几乎不需要什么培训，成本也非常低廉。而那些需要专业性思考以及复杂交流的工作，在全世界范围内的需求仍在不断增长。在 20 世纪初期，美国只有 5% 的工作需要专业化的知识和技能；而到 2009 年，这个比例已达到 70% 以上。评论家丹尼尔·平克（Daniel Pink）指出，一个"概念时代"已经到来，这个时代需要的已经不仅仅是专业技能和基本信息，还要求劳动者能够创造性地整合不同类型的信息。[3] 实际上，预测 2010 年需求量最大的十项工作，在六年前还是不存在的。在这个时代，国际竞争也会愈加激烈。[4]

美国新劳动力技能委员会（New Commission on the Skills of the American Workforce）明确指出了全球劳动力竞争所面临的棘手挑战："现

在，印度的工程师每年赚 7500 美元，而拥有同等资质的美国工程师则每年赚 45000 美元。即使我们能够跟印度的工程师一样掌握高水平的数学和科学技能，但如果雇主可以用更少的钱雇佣印度工程师来完成其工作，他们为什么要花更多的钱雇佣我们呢？"技能委员会认为要成功地参与新的全球劳动力市场，关键在于具备一种"深入体内的、能够不断更新自我的创造力"。市场需要新一代的劳动者，他们能够"想象人们如何利用以前并不存在的东西、发起新颖的营销和销售攻势、制作家具、写书、拍电影、设计能够捕捉人们想象空间的新软件并使之成为无数人生活中不可缺少的一部分"。在他们看来，阅读、写作、数学、科学、文学、历史和艺术等领域高水平的训练培养是十分必要的。[5]

### 要在扁平化的全球经济中取得成功，学生需要具备哪些能力？

在培养未来的劳动力时，让他们掌握多种技能组合是十分必要的。[6]不论是学习、思维、创新技能，比如创造性思维和系统思维运用等，还是生活和职场中的相关技能，比如设计、评估、管理自己的工作以获得持续进步和随机应变等，它们共同描绘出一幅动态的学习画面。但令人惊讶的是，在职前准备的公共话语中，学生们严重缺乏对于全球意义（global significance）这一问题的深刻认识——全球市场如何运作、跨国生产的兴衰、经济和文化发展的需求、不公平的困境以及社会企业家如何在遵从自我底线的同时推动人类进步等等。

由全美州首席学校官委员会/亚洲协会（The Council of Chief State School Officers/Asia Society）工作组提出的全球胜任力概念，将教育者的注意力聚焦于让学生更加深刻地理解并更加有效地参与他们生活的世界，从而进一步完善职前能力。这些能力不是一般的工作、数字、社会或信息处理技巧。在这个框架里，胜任力在全球语境下被重新定义，指的是学生置身于一个错综复杂、相互交织的世界中并对其进行动态的学习。为了成为具备竞争力、有职业道德、高效的劳动者，今天的学生必须在工程、商业、科学、历史、生态等领域以及可能构成他们未来工作的其他领域中去理解关于全球意义的关键话题。不管他们的课程领域或个人兴趣是怎样的，学生们都必须学会像专家一样去思考和工作。他们必须理解那些塑造他们生命和未来工作的各种经济、技术与社会力量。

> （我认为）教师和学生都要将聚焦全球的学习历程背后的价值内化。它让教师对他们的实践充满热情，也让学生掌握必要的技能去应对我们日趋扁平化的世界所带来的诸多挑战。
>
> 苏珊娜·皮尔斯
> 美洲国际学校教师
> 德克萨斯州圣安东尼奥市

具备全球胜任力的学生通过学习探究具有全球意义的问题来做好应对全球化经济的准备。美国和中国社交网络技术的发展方式是否相同？外包至印度和墨西哥的工作会带来哪些经济、社会和环境影响？政府可以采取哪些方法来促进经济发展和消除极端贫穷？通过思索这类复杂但高度相关的问题，可以鼓励学生认识到自己和他人的观点并清晰地表达自己的立场，而这也是对当今的全球工作团队来说尤为重要的两项附加能力。更为重要的是，要做好在扁平化的全球经济环境下工作的准备，学生们还必须学会采取行动。他们要学会找准时机采取有效行动、制订并实施明智的计划。比如，学生可能会学习设计和推广能够在数字时代获得成功的产品，或者发起一场关于城市购买习惯的环境影响的宣传活动。那些有备而来的学生把自己看作是这一多变时代中见多识广、心思缜密的高效劳动者。

## 史无前例的全球迁移

国际迁移的规模比以往任何时候都要大，这也改变了学校和社区的人口构成。根据联合国人口司（United Nations Population Division）公布的数据，到 2010 年夏季，全世界移民总数将达到 2.14 亿人，其中预计 5000 万人生活在美国。如果将所有移民看作是一个国家的人口，那它将是世界上的第四人口大国，仅次于中国（14 亿）、印度（12 亿）和美国（3.17 亿）。[7]

> 为全球胜任力而教对于终身学习者来说是极其重要的。大多时候，教育者都轻视了他们从学生身上获得的知识财富，尤其是当他们像我一样在一个多民族、多元文化的环境中进行教学时。为全球胜任力而教为我们打开了无限可能。
>
> 米娅·华盛顿
> 加林杰国际研究学校教师
> 北卡罗来纳州夏洛特市

2008 年，移民人口向原籍国的汇款金额高达 3380 亿美元——在这些国家的 GDP 中占据越来越高的比例。[8] 而且他们输送回的不仅仅是经济上的利益。来自发展中国家的移民也将社会效应（social remittances）带回了家。他们传输着那些影响他们与东道主社会互动乃至融合的思想、专业知识、实践和技能等。他们带回家的某些社会效应也起到了促进或阻碍他们原生国发展的作用。[9] 因此，从班加罗尔到布宜诺斯艾利斯，从波士顿到布鲁塞尔，我们都能感受到世界迁移的存在：课堂、街区、市场、街道，不管是在迁出社会还是迁入社会。与劳动力和商品的全球市场一样，当今的人口迁移也需要新的教育来应对。我们应该如何让年轻人做好准备来面对一个以多元化为常态的世界？我们应该如何培养毕业生以应对文化的复杂性及日益模糊的出身和种族边界？我们应该如何使公民来理解多维度参与——地方的、国家的、全球的？

不管是通过媒介还是当面接触，跟有不同身份、文化、价值体系、语言和生活方式的人接触，都会促使年轻人将自己和他人进行比较。他们如何理解这一切，将取决于他们在多大程度上准备好了在多元的社会中生活。那些已经学习过跨文化技能、理解多重语境和习俗，并有过多次机会在他人的基础上对自己的世界观进行反思的学生，一般不会把差异看作是需要利用暴力予以反抗的威胁。他们通常会把文化交往看作是一种交流与合作的机会。[10]

新移民学习者中越来越多的是跨国移民（transnational migrants）的一代。与以往几代移民不同，由于数字革命的出现，他们可能与原生国保持着密切的联系。他们会参与两个地方的宗教、经济、文化和政治活动。对他们来说，合理的适应包括形成一种混合的身份认同和双重国籍，从而避免必须选择一国而放弃另一国。[11]

全世界的学校都承担着一项根本责任：教会学生面对差异和复杂性。[12]学校需要让所有年轻人——不论是移民还是东道主——准备好去应对多元文化共存的新环境。应对好这样的复杂性——包括增进关系、有效沟通、协同工作、尊重差异并从多样化中获益——对于在一个全球化世界中取得成功是至关重要的。

**要在一个史无前例的移民世界取得成功，学生需要具备哪些能力？**

要让我们的年轻人准备好成功地参与到一个社会、文化、种族、语言和宗教越来越多样性的世界中，就要教授他们世界各地的特质——历史、语言、地理和文化贡献。要鼓励他们跳脱出自己国家的特质和贡献，

> 就我的学科来讲，英语的核心标准倡导教育学生关注文学中的观点。这是培养全球胜任力很重要的一个方面，因为具有全球胜任力的学生应该具备从多个视角来看待一种现象的能力。
>
> 妮可·莫尔
> 沃恩国际研究学院教师
> 加利福尼亚州洛杉矶市

并发现与其他社会的多种联系。学校不应该引导学生去评价"我们怎样达到标准"，而应该进行比较性的分析从而加深学生对一个国家历史和当代特征的理解。不管是在街区、课堂还是虚拟世界，为学生提供大量的机会，让他们去审视不同文化交汇时发生的情况是极其重要的。培养跨文化的复杂性这一任务不单单是社会学科教师的责任，艺术、数学、科学、语言、第二语言等学科的教师也应在其授课中承担相应的责任。

以跨文化的复杂性为中心，全球胜任力框架提出了两项核心能力：分辨视角的能力（他人的和自己的）和与不同对象有效沟通思想的能力。比如，框架认为具备全球胜任力的个体能够审视和解释自己的世界观和文化传统，并认识到它们在日常生活中是如何影响选择和互动的。具备胜任力的个体还能够权衡他人的观点，并考虑到塑造这些观点的文化、地理、宗教等各项因素。为了做好迎接一个文化互动和多样性日益增强的世界的准备，学生还需要理解当不同文化交汇并相互影响时所产生的

后果。他们需要理解权力、财富以及知识获得等方面的差异，会如何影响个人和社会群体的机会。在一个多元化世界中成长，还包括与不同的对象进行交流——能够认识到不同的对象如何从其自身的视角出发来解读信息。这就要求学生使用恰当的语言和技术、小心谨慎并心怀敬意地去倾听和交流。

如果分辨视角和与不同对象沟通对于让学生做好应对多元互动世界的准备至关重要，那么另外两项能力——探索世界和采取行动——也同等重要。那些能够提出自己的问题并探索文化交流的学生，往往也更有可能对其呈现的复杂性进行反思。那些能够构思行动方案并将其付诸实践的学生，会把自己看作是这个日益多元的世界中积极的贡献者——可能是通过社区服务促进文化对话，或者通过艺术展览、博客来提升对不同视角的认知。

> 对于那些与来自世界各地的人在同一个教室学习、同一个街区生活的城市学生而言，我们负有责任。他们需要工具去理解与他们文化差异巨大的人并与其互动，从而欣赏他们的诸多相似之处。
>
> 与其说全球胜任力是对于其他国家的了解，倒不如说是与不同背景的人相处的能力。这些能力在美国的城市中是缺失的。
>
> 布莱恩·梅尔尼克
> 亨利街国际研究学校教师
> 纽约州纽约市

## 气候的不稳定性和环境管理

在过去的几十年里，地球上极端天气状况出现的频率越来越高，气温也在整体上升。世界各地的科学家也都预测到气候变化进一步出现的可能性很大。如果大气中温室气体的集聚持续上升，其后果将是令人担忧且难以适应的。全球变暖这个用语太过狭隘，不足以描绘出这一塑造着地球上生命的现象——它同时影响着地球上的气候、化学和生物。[13]仅仅考虑一下众多后果中的几个：由于热胀和极地冰盖的融化导致海平面上升从而影响沿海地区及其水资源的供应。气候及化学变化也极有可能影响到陆地和海洋栖息地，导致大规模灭绝。不断上升的气温让传播疾病的蚊子得以在新的地区存活，疟疾等传染病已经开始蔓延。不断上升的气温和变化的降水模式也影响着农业生产力。[14]未来几代人所面临的一项重要任务，将是应对气候变化带来的后果并找到有效缓解和适应的措施。挑战是巨大的。美国最近的一项关于气候变化的报告指出：

> 到目前为止，我们国家管理和保护其人民、资源、基础设施的诸多经验都是基于过去气候相对稳定的时期内气候多变性的历史记录。适应当今的气候变化需要一种新的模式——要将未来可能出现的一系列气候状况及与其相关联的影响考虑在内，而这很多是在我们过去经验范畴之外的。[15]

温室气体并没有国界的限定，所以从本质上来说这是一个全球性的问题。气候变化以显著的方式影响着地球上的每一个地区、国家、城市和村庄，也塑造着年轻人的生活环境、工作机会和公民参与。近年来，对于更高效地利用能源的探索，开始催生出绿色建筑和碳封存工具等新的产业和技术。全球范围内的政治生活领域也见证了越来越多有关环境的辩论——相关报道显示，在工业化国家，应对环境问题是年轻人积极参与的主要动机。[16]然而，尽管已经拥有一些卓有成效的进展，但要让大气温度回到可持续的水平并有效地适应气候变化，还需要更加团结一致的全球努力。缓解和适应变化，要求进一步深化国际气候协议，并让国际社会的各行各业都参与到资源的节约使用和可持续创新中。[17] 在深入了解这一问题的基础上创造新的解决方式，将是一种相对优势。然而，缓解和适应气候变化的进步不仅源于最新的技术或是最近的多边高层协议，还取决于那些把自己当成是历史之代表的个体——在当今世界中具有全球胜任力的行动者——所做出的无数个人决定。

**要在一个充满气候不稳定性的世界取得成功，学生需要具备哪些能力？**

要让我们的年轻人准备好应对一个气候和环境充满不稳定性的未来，应该从帮助他们了解以下问题开始：地球的工作原理、气候变化（在过去和现在）为何以及如何发生、气候变化对各种栖息地和生态环境（包括人类自己的）可能带来什么后果。学生也要明白一个地方的能源消耗会如何影响世界其他地区人们的生活环境，以及我们是如何依赖于同样的大气而生存的。学生还要了解当前和未来的气候解决方案并学会权衡它们的潜力和风险。

在培养全球胜任力时，教师把不同学科的相关主题整合成一项有意义的任务，学生也真正把"全局"内化。他们自己的学习变得更有意义，也阐明了那些看似难懂的话题在现实世界中的应用。作为教师，看到这样的结果我很欣慰。

苏珊娜·皮尔斯
美洲国际学校教师
德克萨斯州圣安东尼奥市

为理解气候变化及其起因和结果而做出的努力将在接下来的几代人中持续下去，届时今天的年轻人以及他们的孩子将会成为决策者。有备而来的个体能够研究气候变化的起因和影响：设计地方问题进行研究，采集和分析数据，形成有理可循的论点。最重要的是，这些个体需要明白一点：科学的主张和预测是在实验的基础上对问题的解读。他们需要认识到，今天的知识可能随着新的、更有力的框架或证据的出现而被合理地改写。这些个体还需要认识到，我们对气候的了解只是暂时的、会受到批判的，并且将这些特点看作是长处而不是弱点。

气候变化的全球性及其对世界各地预期影响的多重性，要求学生学会认真谨慎地分辨视角。不断上升的海平面如何影响阿拉斯加的渔业人口或孟加拉国和新英格兰地区的沿海旅游村落？各个经济体应对这一挑战的准备程度如何？它们有哪些适应方案？以考虑到不同地点、视角和关注点的方式来考虑气候变化并就各种条件进行有效沟通，这样可以使学生对进行有效的跨国合作做好准备——这也是缓解和适应气候变化所必需的全球化方式。个体能够透彻理解全球的环境系统，这是非常珍贵的。最重要的是，这样的个体现在有机会成为全球环境的管理者，准备好迎接他们这一代人的工作。

### 结论：为什么以全球胜任力为目标的教育在今天如此重要？

这已达成明确的共识。我们要让年轻人准备好去面对的世界，与公立学校体系建立时的工业世界有着本质的差异。[18] 在过去几十年中，已经有大量的报告和政策声明强调了对面向 21 世

> 在对北非 2011 年 2 月发生的骚乱和抗议进行讨论和辩论后，我的一个学生问该事件是否会出现在教科书里。我回答："会的，但可能至少要等五年以后。"我们必须用世界上现在正在发生的事情，来告诉我们的学生现在就要做出改变。
>
> 杰弗里·费南里
> 芝加哥奥格登国际学校教师

纪的新技能的需求。这一全球胜任力框架以不同的方式回应了这个多变世界的需求，并指出全球胜任力将在年轻人的生命中起到核心作用。社会中个体从事的工作、公民参与、自我表达、社会生活、健康身体都越来越多地在全球情境中予以呈现。所以在鼓励公众致力于培养年轻人问题解决能力等技能的同时，我们也指出不同问题的重要性不尽相同，并强调学生能够对具有全球意义的问题有实质性理解。因此，本框架明确针对培养学生对于他们所生活的这个日趋复杂、多元、相互依赖的世界的实质性理解，以及在这个世界中如何采取行动。具有全球胜任力的年轻人将做好准备，通过探索世界、分辨视角、与不同对象沟通思想、以有效方式采取行动等去加深这样的理解。

为了确定对于学生知识和技能的基本预期，美国各州提出和采纳了《共同核心州立标准》（*Common Core State Standards*），规定了学生在准备进入大学和职场时应该知道什么和能够做到什么。[19] 这些标准明确地指向数学和英语语言艺术，包括历史 / 社会学科、科学和技术学科的素养。《共同核心州立标准》概括了学生为满足大学和职场的需求所应具备的基本内容和技能。通过把基本的数学和知识素养置于核心，《共同核心州立标准》给教师提供了丰富的空间去创造学习体验，通过让学生研究具有全球意义的话题来满足这个日趋互联的世界的需求。

当然不只是身处美国的我们认识到培养学生在全球化场景中参与合作与竞争的重要性。[20] 近年来，世界各国都出现了在学校课程中注入更强的国际化理解的举措。例如在《马斯特里赫特全球教育宣言》（*Maastricht Global Education Declaration*）这一具有里程碑意义的文件中，欧洲理事会（European Council）的代表主张构建一个全球教育框架来"开阔人们看待世界之现实的眼界和思想，激励他们为全人类建立一个更加公正平等、更有人权的世界"。在这些领袖看来，全球教育应该包括（但不限于）人权、可持续性、和平与冲突预防、文化间性以及公民权利的教育。[21]

> 我们希望奥格登的每一个毕业生都能成为全球公民，不论他们身在何处都能轻松自如地应对各种情况。如果我们做好我们的工作，学生就能掌握未来在大学和职场中取得成功所需的技能。我们努力把他们培养成会尊重和关心身边其他人的终身学习者。通过塑造更好的全球公民，我们希望可以产生造福学校以外其他人的涟漪效果。
>
> 杰弗里·费南里
> 芝加哥奥格登国际学校教师

在英国，国际发展部（Department of International Development）通过全球伙伴学校（Global Partnership School）项目把英国的学校和非洲、亚洲、拉丁美洲、加勒比地区的学校联系在一起，希望借此将全球发展议题融入正式的课程中。[22]在瑞典，全球公民项目帮助学生、教师和学校领导去理解对于瑞典的未来将产生重要作用的国家。与中国和印度的学校进行合作，可以帮助学生去应对这个世界的真正需求，如赴海外学习、投身可持续发展、认识企业的社会责任以及参与经济和金融。在印度，国际教育方面的努力则建立在非暴力和博爱的古老传统基础之上。印度的《中小学国家课程框架》（*National Curriculum Framework for School Education*）呼吁学校课程要促进国家认同和统一，但还要努力"唤起为了全人类的繁荣而促进国家之间和平与理解之必要性的意识"。这一框架希望将国际教育嵌入到已有的科目当中，尽管此前已经有开设专门针对和平和人权教育之特殊课程的提议。[23]

正如这些例子所示，许多国家都根据自己国家的优先事项和传统提出了全球教育的议程。他们的方案在一些基本原则上是一致的。有些方案把世界看作是一个系统，把人类的生命看作是由全球相互依存的历史所塑造的。其他方案则强调对于基本人权的承诺，包括社会和经济平等以及基本自由等。绝大多数方案都强调了对于文化多样性的承诺，以及跨文化理解和接纳不同意见的重要性；也有一些方案指向了环保意识和地球可持续性。[24]

此处提出的全球胜任力概念回应了这些方案的远大目标。它并不是通过列出一个根据指示混合搭配的技能和关键概念的冗长清单，也不是通过强调为职场而教育来弱化文化敏感度（cultural sensitivity）的教育。显然，它是通过让教育者提出一个更为根本的问题：学生要做到理解这个世界并全面参与其未来，最重要的是什么？帮助我们的年轻人为未来做好准备，其挑战包括让他们为未来的工作和大学学习做好准备，但还不仅仅限于此。保护环境，应对前所未有的人类迁移，应对贫穷、全球健康、人权等挑战，这些紧迫的问题需要一代有卓越国际合作能力的个体——能够在工作场所、多个国家之间、通过互联网以及在个人决策中解决全球问题的个体。

**请你思考**

本章讨论了培养全球胜任力的主要依据。带着这些信息，思考一下你的学生所生活的这个世界。

1. 在你看来，此处描述的社会和环境改变是如何影响你的学生今天的生活的？他们的未来还会受到什么样的影响？

2. 你认为培养全球胜任力的关键原因有哪些？这样一种教育可能会面临怎样的障碍？

3. 在你目前的观点中，高质量的全球胜任力教育和低质量的全球胜任力教育的区别是什么？

# 第二章

# 通过学科和跨学科学习来理解世界

对这个世界的实质性理解是全球胜任力的基础。在学科和跨学科视野的启发下，学生对世界是如何运转的这一问题产生了认知和兴趣，这也体现了他们的全球胜任力。确切地说，具有全球胜任力的学生能够具备以下能力：

1. 探索他们直接环境以外的世界，提出重大问题并精心设计与其年龄相当的研究。

2. 分辨他人和自己的视角，深思熟虑、心怀敬意地表达和解释这些观点。

3. 与不同的对象有效沟通思想，减少地域、语言、意识形态和文化障碍。

4. 采取行动改善条件，把自己当成世界的一员并在思考中参与。

对以上四项能力的逐一审视固然重要，但最好还是把全球胜任力看作是一种综合的世界观——而不是一系列独立技能的组合。（请见"附录"描述全球胜任力各项要素的通用矩阵，以及概述在语言艺术、数学、科学、社会研究和艺术领域如何解读这四项能力的一系列与学科直接相关的矩阵。）下图描述了全球胜任力不同维度之间的动态互动：

- 确定一个选题、提出问题并解释其重要性
- 用各种各样的语言、来源、媒介寻找并权衡相关证据
- 分析、完善、综合证据以形成一致的答案
- 根据有力证据形成论点并得出可靠结论

**探索世界**
学生探索他们直接环境以外的世界

**分辨视角**
学生分辨自己和他人的视角

- 识别并表达自己的观点、找出影响这一观点的因素
- 审视他人的观点并找出影响因素
- 解释文化互动的影响
- 清晰阐述在知识、技术、资源状况上的不同会如何影响生活和认知的质量

通过学科和跨学科学习理解世界

**采取行动**
学生把自己的观点转化为恰当的行动来改善条件

**沟通思想**
学生与不同对象有效交流他们的观点

- 判断并创造机会通过个人或合作行动来改善条件
- 根据证据和潜在影响来评估选择和规划行动
- 以创新、道德的方式进行个人或团队行动来推动进步并对所采取行动的影响进行评估
- 对倡导和推动进步的能力进行反思

- 识别并表达不同对象如何理解问题及其对沟通的影响
- 倾听不同人的观点并进行有效沟通
- 选择和使用恰当的技术手段和媒介与不同对象进行沟通
- 反思有效沟通如何影响在这个相互依存的世界中的理解与合作

本章主要讨论学生对这个世界的学科和跨学科理解，这也是四项全球胜任力的基础。本章首先陈述对这个世界充分而全面的理解对于培养学生全球胜任力所起的关键作用，继而讨论有关学生工作的两个案例：一个来自一所早期儿童学习中心，一个来自一所中学。本章结尾部分提出了奠定全球胜任力框架基础的三个核心假设：全球胜任力需要参与式学习、有选择性地拥抱世界、需要学科和跨学科知识。

## 学科和跨学科理解

具有全球胜任力的学生把地球看作一个系统来加以理解。他们也理解不同的地方环境并熟悉那些定义了我们这个时代的紧迫问题。比如，具有全球胜任力的学生可能会熟悉地球的物质景观及其生态系统、人口分布方式、维系生命和成长的经济资源，以及文化的历史。对于塑造我们当今世界的关键议题和趋势的理解，也将是学生们的一个比较优势。确实，环境的可持续性、人口增长、经济发展、全球冲突与合作、健康和人类发展、人权、文化身份、多样性等话题，将界定他们这一代人的工作。

要理解一个如此的世界，学科和跨学科的方式是必不可少的。[25] 文学、历史、经济学、数学、生物、艺术等学科或科目为解读这个世界提供了有力的视角。扎实的学科理解，要求学生把学科看成是社会所创造和改良出来的知识和思考工具，通过此我们来理解世界，诠释现象，解决问题，创造产品，并有见地地提出新的问题。因此，对一门学科的理解不仅仅包括对关键学科概念的理解，更包括在学科工具的帮助下理解这些概念是如何形成的，应该如何加以应用以及该学科的知识是如何传播的。

尽管学科的理解是全球胜任力不可缺少的组成部分，但很多时候，一些具有地域或全球意义的问题无法通过单独一门学科去解决。像环境的可持续性、人口增长、经济发展、全球冲突与合作、健康和人类发展、人权、文化身份、多样性等话题都需要运用跨学科的方式。当学生们将不同学科的知识、方法、语言整合在一起去解决问题，创造产品，做出解释，或是以单一学科视角下无法实现的方式针对具有全球意义的话题提出新的问题时，便体现了其跨学科理解的能力。[26]

高质量的跨学科理解具有四个关键特征。第一，跨学科理解是有目的性的：学生为了能够以单一学科角度下无法实现的方式去解释或讲述某一话题而对其进行研究。第二，理解是建立在多个学科基础上的：它以精确、灵活的方式运用来自两个或多个学科的概念、大观点、方法和语言。第三，跨学科理解是综合的：多个学科视角整合在一起以加深理解或予以完善。第四，跨学科理解是经过深思熟虑的：学生对跨学科工作的本质及自身理解的局限性进行反思。[27]

很显然，不管是学生还是专家，都无法完全掌握世界地理、历史、经济学、人类学、艺术以及其他领域的大量已有信息。全球胜任力的养成并不只是掌握更多信息，它是以学生理解特定情境、描述现象、揭示跨国联系的能力为中心的。久而久之，通过与具有全球意义的话题和学科的实质性接触，学生为理解整个世界奠定了基础。

世界各地的教师都应该教授学生那些被国家、区域和地方不同层级的课程专家认为是必不可少的核心概念和技能。培养学生的全球胜任力，也要求教育领导者去思索这些核心内容能在多大程度上让学生去理解和参与重要的全球议题。在美国，《共同核心州立标准》对于学生在英语语言艺术和数学、K-12年级等领域或学段应该了解和能够做到的事情提出了期望，并且给教师和学校足够的自由空间，让他们以自己认为有效的方式来实施教学。例如，语言艺术的学生学习创造不同类型的文本：议论、记叙、说明文。这些虽是要求，但教师可以有足够的自由来决定这些文本的内容主题。能够激发学生全球胜任力的教师或者课程，可能会要求学生写一篇关于全球化的前景与风险的议论文，或者一篇关于一个移民儿童生活的记叙文，再或者一篇关于通信技术如何促进某一特定地区民主运动的说明文。通过这样的方式，学生既可以按照《共同核心标准》来培养自己的写作能力，同时又能变得更具全球胜任力——针对全球议题探索世界、分辨视角、沟通思想和采取行动。

### 案例一：把信寄到华盛顿特区

意大利雷焦·艾米利亚市

幼儿园

传真机是如何工作的？一群五六岁的孩子正在就这个问题的理论进行头脑风暴。确切地说，他们希望了解传真机是如何把他们在意大利雷焦·艾米利亚市的学校连接到华盛顿特区的。孩子们讨论了不使用互联网将信件寄给一个最近搬到美国去的朋友的最有效方式，并在讨论的基础上画了图示。美国在哪里？华盛顿特区是什么样的？和我们的城市像吗？传真机是怎样把信息快速传递过去的？

在过去的几周里，类似这样的问题驱使孩子们对地球和通信技术进行探索。他们分享和修改了对许多问题的假设：他们的朋友在华盛顿特区的学校是什么样的（例如他们了解到学校里有一只猫）、两个城市之间的距离是多少、传真机是如何跨过海洋沟通的。这些图示和假设反映了他们初步探索的富有想象力的、直观的传真理论。

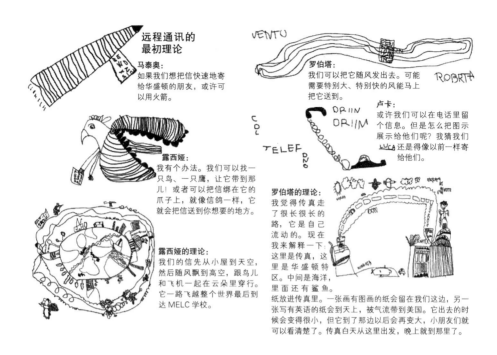

**远程通讯的最初理论**

**马泰奥：**
如果我们想把信快速地寄给华盛顿的朋友，或许可以用火箭。

**露西娅：**
我有个办法。我们可以找一只鸟、一只鹰，让它带到那儿！或者可以把信绑在它的爪子上，就像信鸽一样，它就会把信送到你想要的地方。

**露西娅的理论：**
我们的信先从小屋到天空，然后随风飘到高空，跟鸟儿和飞机一起在云朵里穿行。它一路飞越整个世界最后到达 MELC 学校。

**罗伯塔：**
我们可以把它随风发出去。可能需要特别大、特别快的风能马上把它送到。

**卢卡：**
或许我们可以在电话里留个信息。但是怎么把图示展示给他们呢？我猜我们还是得像以前一样寄给他们。

**罗伯塔的理论：**
我觉得传真走了很长很长的路，它是自己流动的。现在我来解释一下。这里是传真，这里是华盛顿特区。中间是海洋，里面还有鲨鱼。纸放进传真里。一张画有图画的纸会留在我们这边，另一张写有英语的纸会到天上，被气流带到美国。它出去的时候会变得很小，但它到了那边以后会再变大，小朋友们就可以看清楚了。传真白天从这里出发，晚上就到那里了。

## 这个项目是如何体现学生对世界的理解的？

这些孩子对世界的理解始于他们的好奇心和兴趣——想要了解世界的空间构成和通信技术的工作原理。他们探索自己直接环境以外的世界，他们的图示展现了他们对空间地理的初步认识。地球对他们来说不是一个陌生的事物，他们可以在地球上轻松地找到自己、学校和城市的位置。

要决定把美国和华盛顿特区具体画在哪里，他们必须学习把陆地的位置视觉化。孩子们在世界地图上加入了具有个人意义的地点——比如"去往美国途中的爱尔兰的山丘"。这些图示的例子揭示了孩子们对地图和地球的直观表达——这一理解后期还会通过地理学科而得到完善。他们关于传真机工作原理的初步认识揭示了他们最初的、还十分模糊的技术理论。

这个项目最后，一位专家会到课堂上拆解一台旧传真机并解释它的工作原理，孩子们的这些理论也会受到挑战。

学生们学会分辨视角——他们自己在雷焦·艾米利亚市的视角以及在华盛顿特区的朋友们的视角。孩子们关于这两个城市的问题，比如华盛顿特区的国会大厦跟雷焦·艾米利亚市的广场是否相像，也体现了他们刚刚萌芽的对不同地方进行比较并寻找异同的能力。很显然，这个年龄段的孩子们进行的比较都来自那些对他们有意义的方面。另一个城市有哪些动物？大楼看起来是什么样子？他们的城市跟我们的一样吗？学校和人是什么样的？

孩子们通过视觉和口头的方式有效地沟通思想。这个活动中尤其值得我们注意的，是孩子们在提出自己的新理论、考虑他人的视角和解决方案、修改自己的理论、共同合作理解世界时的微妙又灵活的方式。在讨论了他们的理论之后，孩子们一起完成了最终的集体图示。[28]

管道从雷焦开始。
一根延伸的中空管道，传真就在管道里。当碰到树的时候，管道会先向上再向下绕过去；当有弯道的时候，管道也会弯曲。

然后管道会到大海里，海里有鱼、海胆、章鱼。为了不变湿，管道会在地底下。穿过海洋后它会再到地面。

然后管道到了爱尔兰，一个非常不一样的国家。汽车会跳、房子像宫殿，还有山和湖。那里总是下雨，夏天也一样。爱尔兰的船也不一样——它们有两张船帆。管道到爱尔兰的时候，会从大山的中间穿过。

最后它到达我们的朋友和艾米莉亚所在的华盛顿。在美国，管道越过摩天大楼和雕像，到达学校的传真机。这样我们的朋友就可以读到信息，并且会跟我们一样思索它是怎么如此快速地到达美国的。

> **卢卡**：我想我们可以让阿里奥斯亚拿一张新的、更大的纸，看他是否可以把他的电报画出来，差不多是一样的，但要更长一些，然后我们可以把其他东西加上，比如露西娅画的房子、罗伯塔画的海洋……
> **贾科莫**：我们要一起画，单凭一个人没有办法完成那些困难的部分。
> **露西娅**：我们不可能了解世界上的每一样东西——世界太大了。

这些学生并不只是在记忆事实和定义，也不只是在玩有趣的玩具。他们深入钻研复杂的问题，共同交流他们的想法，并且细微而又深刻地了解世界和传真机是如何运作的。最终，他们通过研究得知，学生发传真给他们的朋友是一种明智的行为。

## 案例二：全球化：前景与风险

马萨诸塞州牛顿南高中

十年级[29]

历史教师迈克尔·科扎克、英语教师约瑟夫·戈尔丁，还有他们部门和科学部门的同事们每年都会用学期的最后几周来研究当代全球化。学生分组追踪他们日常生活中一些物品的生产，比如苹果音乐播放器、摩托罗拉手机、锐步运动鞋、芬达吉他等。他们旨在研究工作迁移对中国、印度、墨西哥这些工作接收地区所产生的积极和消极影响。有一年，一个小组展示了在中国广东省建一个新的锐步工厂的前景和风险，而同班同学作为观众则被要求决定地方社区是否应该批准建这个工厂。

三位同学通过对工作机会、工作条件以及新修订的健康标准的详细描述陈说了公司的利益。他们强调公司遵从《世界人权宣言》第 4 条和第 5 条——禁止奴役和虐待——并且自愿遵守温室气体排放的欧洲标准。他们也提及了中国的外来务工人员在社会价值转变上面临的困难，并且介绍了公司为了帮助他们保持精神和身体健康而开设的各种项目。

一位代表一个非政府组织观点的同学对建立这家新工厂不是十分乐观。他解释了森林砍伐对养分循环的短期和长期影响，以及大熊猫、金丝猴等濒危物种面临的灭绝危险。其他同学提到了锐步在 1990 年代早期违反劳工法规的行为——童工案例、强制加班、有限的言论自由——以及锐步最近采取的预防新的违法现象的措施。

在经过复杂考量、权衡环境因素和对文化传统的影响以及消除贫困和创造就业机会之后，全班批准了新工厂的建设，但也要求地方主管部门制定更加严格的监督程序（比如突击检查）来加强工厂对劳工标准的遵守。无论教师是否同意学生们的裁决，有一件事情是确定的：学生们开始理解个人和社会都要在这个快速变化的社会做出艰难的决定。

**这个项目是如何体现学生理解世界的能力的？**

这个项目中的学生通过运用历史、经济学、生物、文学等学科知识去研究和理解外包对发展中地区的影响，展现了他们的全球胜任力。根据经济学原理，他们将宏观经济增长的数据和激励、购买力平价等概念作为其论点。根据生物学知识，他们有效地运用栖息地、生物多样性、生态平衡等核心科学概念来论证每个地区对特殊濒危物种的保护。

> 全球胜任力在学科课程或语境中才能得到最好的发展。学生是在学习这些知识和技巧的过程中培养全球胜任力的，而不是在掌握基础的学科知识和技巧之后才形成的。

学生们还运用了《共同核心州立标准》中提到的技巧来理解偏远地区人们的生活。他们分析相关的文学作品，研究作者如何有效使用比喻性语言和修辞手法来表达个体面对所在地区的经济和社会变化的经历。根据历史学知识，学生们比较了关于农村家庭如何适应快速工业化阶段的当代和历史记载。同学们直观地运用了州立标准——不是为了准备考试，而是因为精读文本、批判性分析数据图、选择强有力的修辞等思维习惯才是理解和应对研究问题的有效工具。通过把所研究问题的经济、环境、文化视角相结合——也就是说通过跨学科研究——学生能够更微妙、复杂地论证他们的案例。他们批判性地整合了多种思维方式和信息来源，就全球化的一个方面来表达个人立场。正如一位学生所说：

> 在我看来，全球化并不是我们能够控制的。它会一直发展下去，我们也没有办法可以阻止它。但是，要让全球化的进程更加顺畅并且消除其可能的负面影响，公司、政府、个人是有很多事情可以做的。对文化、经济、政治、环境等多方面进行研究来避免偏见是至关重要的。（比如，如果只研究其经济方面而不分析人权的侵犯和环境的恶化，全球化对中国而言无疑是好的。）——艾米丽

最终，学生们开始反思自己的文化视角。"我马上回到家把家里所有的盘子都翻过来看，发现它们都是在马来西亚生产的。我家里几乎所有的东西都是在马来西亚生产的！"一位学生解释道，同时哀叹着她对自己吃饭所用盘子的生产者却"几乎一无所知"。当他们发现"我们在超市买的东西或者我家的每一个盘子"是和那些世界各地生产它们的人和地区的生活直接联系在一起的时候，学生们开始理解全球的相互联系是无所不在的。

## 结　论

当学生找到完成作业的内部动机时——当开始"拥有"那些引导他们通过核心教育概念对世界进行探索的问题时——他们才会进行深度学习。他们不再仅

> 全球胜任力的教学伴随着课程内容和教学设计的选择，它们既能让学生满足国家和地区的学习标准，同时又能让学生有机会去设计、分析、交流和应对那些具有全球意义的问题。

仅为了通过下一次测验而开始学习，而是因为他们体会到了那种逐渐认识世界及认识到自己在世界中的角色的兴奋和满足。因此，全球胜任力在学科课程或语境中才能得到最好的发展。学生是在学习这些知识和技巧的过程中培养全球胜任力的，而不是在掌握基础的学科知识和技巧之后才形成的。全球胜任力的教学伴随着课程内容和教学设计的选择，它们既能让学生满足国家和地区的学习标准，同时又能让学生有机会去设计、分析、交流和应对那些具有全球意义的问题。

上述案例体现的就是这种参与式的学习。学生对世界的理解不是通过记忆或仅仅基于事实，而是微妙的、灵活的、个人的、丰富的。更重要的是，通过以丰富的内容知识为基础，进行小组合作与讨论并衡量不同的立场和证据，这些项目中的学生也做好了准备去有效地参与到更严苛的教育环境中——包括大学——以及他们未来的工作和社区生活。[30]

## 请你思考

本章我们研究了以学科和跨学科的方式来理解世界在培养全球胜任力的过程中所起到的核心作用。

1. 仔细研究一下本章提供的学生活动的案例。哪些特点吸引了你的注意？它们给你带来了哪些问题？和你自己的教育实践有哪些关联？

2. 你所在的学校、区、州希望学生掌握的知识和技巧能够如何帮助学生以有意义的方式来理解这个世界？

# 第三章

## 具有全球胜任力的学生探索世界

具有全球胜任力的学生会提出和探索具有关键全球意义的问题：气候变化会对墨西哥湾或者非洲的几内亚湾带来什么样的预期影响？地方社区为适应这些变化做了哪些准备？幽默在美国和阿富汗有何不同？国际刑事法庭和科索沃、卢旺达的国家司法体系是如何相互作用的？社群中来自不同宗教取向的成年移民是如何经历成为美国公民的过程的？这些问题都具有全球意义。它们提及的这些现象影响着全球范围内的一大批人；它们阐明了各地不同经历的多样性和共同性；它们不仅出现在学生群体中，也出现在世界各地的不同社群中。具有全球胜任力的学生能够清晰阐述这些问题的全球意义以及为什么这些问题值得研究。

通过精心的设计和调查，对像这样的重要问题的研究就变得可行了。具有全球胜任力的学生不会寻找一个预先设立的"正确答案":他们会从智力和情感上投入,去寻找和权衡明智的回答。为了实现这一点,他们从地方、国家、国际等各种来源去辨别、收集和分析可靠的信息,也包括来自其他语言的原始资料。有胜任力的学生能够权衡和整合证据,得出连贯一致的回答和合理的结论——不论是写一篇文章,设计一个解决方案,提出一个科学解释,还是创作一件艺术品。

下列方框中列出了与学生探索周边环境以外世界的能力相关的具体能力。然后用三个揭示学生不断发展的全球胜任力的项目对这些能力进行了阐述:纽约一个十二年级的学生关于拉丁美洲文学的调研、明尼苏达州一个六年级的数学课项目以及肯尼亚一个十二年级的独立研究项目。本章最后强调了教师鼓励学生去探索他们周边环境以外的世界时将面临的学习挑战和机遇。

---

具有全球胜任力的学生能够用以下方式探索世界:

· 识别议题,提出问题并解释聚焦地方、地区、全球的研究问题的重要意义

· 运用各种语言以及国内国际的信息来源去识别和权衡在回答具有全球意义的研究问题过程中的相关证据

· 分析、完善、综合证据,并针对具有全球意义的研究问题构建一致的回答

· 以融合不同视角的有力证据为基础形成论点并得出合理的结论

---

全球胜任力
——融入世界的技能

**案例一：魔幻现实主义和拉丁美洲文学**

国际研究学校网络：HSSIS

十二年级

加夫列尔·加西亚·马尔克斯的小说《一桩事先张扬的凶杀案》（*Chronicle of a Death Foretold*）探讨了家庭、声望、荣誉、复仇、正义、痴迷、共同责任等主题。在对小说本身、架构和社会文化背景进行深入学习后，学生们在教师怀斯的英语语言艺术课上各自选择了一位著名的拉丁美洲诗人并对其作品进行研究。他们需要阐述作者的全球意义，并且研究作者的个人经历和文学选择是如何传递其独特的视角的，就如加西亚·马尔克斯那样。教师怀斯解释说："专门研究一个大洲的诗人，可以让学生不仅了解到作者是如何反映当下的社会视角和文化价值的，而且可以让他们认识到作者也有引导和批评公众舆论的能力。"

学生雅内尔研究了颇负盛名但也饱受争议的古巴诗人荷塞·莱萨马·利马（José Lezama Lima）。"他的文笔理解起来很复杂，"雅内尔说，"鉴于他跟路易斯·德·贡戈拉相似的巴洛克风格。"雅内尔在自己的文章中，阐述了利马的作品是如何探讨失望、宗教、牺牲、女性气质等主题的。有关诗人利马生活的记录，揭示了他的同性恋身份和独立的政治观点如何影响到他的写作以及他把诗人看作是这个复杂且常常自相矛盾的世界的解读者。雅内尔写道：

> 荷西·雷萨马·利马在童年时期就倍感孤独。他生活在一个极度审慎、严格的社会。那里实行共产主义，文学也不能违

反"革命意识"。作者因其 1966 年发表的小说 *Paradiso* 而闻名，paradiso 是西班牙语"天堂"的意思。因为这部作品充满了基于同性恋的详细内容，利马在出版《天堂》时遇到了困难。在政府看来，这部小说是反对古巴革命的，因为它缺少政治承诺。

社会排斥的另外一个来源是宗教，利马有大量关于这个话题的作品。大多数古巴人都信奉罗马天主教，所以利马很有可能也一度像其他古巴人一样拥有同样的信仰。罗马天主教徒不支持同性恋。作为一个同性恋者，利马不得不放弃他的宗教信仰，因为他被当成是罪人。不管是从社会方面还是宗教方面来说，他都感到孤独。作为一个同性恋者，他不得不牺牲自己的信仰，因为根据《圣经》的规定，他没有资格追随他们。

通过对不同诗歌的仔细解读，比如《旋律》（*Melodia*），雅内尔能够阐述利马的经历是如何体现在他极具象征性的作品当中的。她将这首诗的最后几句解读为对一个破碎的梦以及一个自相矛盾的救赎决心的描写：

> 弧形的玻璃在张开的手中。
> 冰冷的飞镖更加优雅地滑落，
> 烟雾向长笛弥漫，渴求遗忘。

冰冷的飞镖从空中飞来……它们瞄准了什么东西——一个梦想。梦想或许会破碎，就像玻璃一样，不管他多么小心地握着它们。他希望实现一个梦想，但还没有到达梦想就破灭了：

失落。《旋律》唤起了作者在他个人生活以及职业生涯过程中所遭遇的诸多失落。然而，[烟雾暗示着]希望仍会出现，或许他会不知不觉地实现自己的愿望，他的旋律也将被人听到……在《旋律》中，利马让读者通过想象具体物品来理解文本中所包含的深层含义。

**这个项目是如何体现学生探索世界的能力的?**

**选择一位作家并从地方、地区、国际层面阐述其作品的意义。**

雅内尔认为利马是一位具有地方和地区意义的作家。在他的作品中，利马以自己成长的罗马天主教和古巴社会的特殊环境为背景，体现并探讨了普遍主题。雅内尔解释道，作为一个被边缘化的同性恋作家，利马在文学中找到了庇护——也影响了一代古巴作家。

**运用各种语言以及国内、国际的信息来源；分析、完善、综合所收集的证据来构建有力的论点。**

为了完成文章，雅内尔必须寻找、解读并综合一系列信息来源：利马的原著和译作、个人传记、来自拉丁美洲内外的评论。通过传统的文学分析方法，雅内尔选择了利马的作品作为样本来支撑自己的论点。通过仔细阅读，她发现文学选择对她的论点既有支持也有挑战——也就是说，边缘化在利马的作品中起着关键的作用。

总之，雅内尔利用文学分析工具来理解一位诗人的作品，而那些塑造诗人生命的力量与塑造雅内尔生命的力量是大不相同的。通过这样的方式，雅内尔逐渐明白了这个拉丁美洲文学的具体实例是如何与它所处的政治形势对话的。

## 案例二：探索古代数字系统

国际文凭：明尼苏达州桑德堡中学 *

六年级

这个关于古代数字系统的六年级数学单元是为了帮助学生把我们今天使用的十进制系统放在一个更宽泛的全球和历史背景下来加以理解。学生应该了解人类表达数量的方式的多样性以及促成我们今天使用的阿拉伯－印度数字系统的历史创新。在一次课堂展示环节，一组学生对课堂上探讨的六种古代数字系统中的两种进行了比较。以下三个问题引导着他们关于罗马和印加结绳系统的探寻：哪个数字系统对于做计算更好用？哪个数字系统在当时的现实生活中看起来更有用？哪个数字系统今天我们还可以使用？

为了回答这些问题，学生们用选定的古代数字系统表示出多个数字，并用简单的数学运算对系统进行了测试。他们还考虑了数字系统在一系列特定情境下的有效性：记录山里美洲驼的数量、随时间记载发生的事件、预测一个村庄里的人能够采集多少木头、到各处统计人口信息。随后他们还深入考虑了每个数字系统在当今的潜在用途。

在展示环节，这个小组介绍了他们的分析方法——根据每个学生解出给定的运算所花费的时间来衡量计算的难易程度。对系统在现实生活中的适应性评估则包括对每个场景进行讨论、列出利弊、最后再对每个

---

\* 为体现对数学的探究，该项目介绍改编自其原版。

系统的适用性按照 1 到 5（非常好到非常差）的标准进行打分。学生们预测了小组的平均用时和得分。为了让观众更清楚地看出这两个数字系统的对比，他们还展示了一张柱状图。他们提出了一些模式并得出结论，比如，罗马系统对于较小数字的加减格外有用，因为可以很轻易地在一个简单的数字上增加或减少字母。结绳法（由在一连串的绳子上仔细打成的结组成）对印加人来说是非常有用的工具，使他们能够沿着安第斯山计数和迁移，因为绳子比用来做标记的石板要轻一些。结绳法使用的是十进位制的系统，因此它能够轻松地计算大的数字。当然学生也考虑到了此法的不足之处：每根绳子上特定位置所代表意义的模糊性以及打结本身的繁琐性。在总结反思的时候，学生也高度认可了这些数字系统和我们今天使用的阿拉伯－印度数字系统的相似之处。

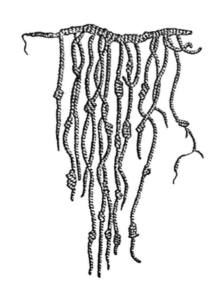

**这个项目是如何体现学生探索世界的能力的?**

*探索具有地区和全球意义的话题。*

学生对世界各地的数字系统进行比较研究时,便体现了其全球胜任力。教师设计这个问题的初衷是帮助这些年轻的学生同时理解人类量化思想的普遍性以及当今数字系统产生前的文化和历史差异及其影响。把他们的分析限定在两种截然不同的系统,能够让学生对这个问题进行深入探讨。

*运用各种语言;分析、完善、综合证据来构建一致的回答。*

理解不熟悉的数值语言是本单元的核心目标。学生开始熟悉那些蕴含在特定数字系统中的概念性推理规则和形式。他们还针对每个系统的属性收集了系统数据——计算的难易程度、日常生活中的适用性、当今的有效性——从而得出基于系统数据而非仅仅凭直观印象的结论。

学生们还绘制了一张柱状图来展示他们的成果,这进一步体现了其探索数学的能力。这个图也为在不同数字系统中进行比较奠定了基础。对每一个系统的仔细分析和深入阅读让学生能够进行推理,从而可以研究数字系统如何为了满足实际需求而产生。例如,学生注意到政府官员会走遍印加帝国统计人口、牲畜、绵羊的数量——因此,对于尚未形成书面语言的文明来说,便于携带的结绳文字是至关重要的。此外,对每个系统特点的综述让学生能够解释很多问题,比如罗马数字之所以容易进行加减是因为它们建立在加法和减法的逻辑基础上。

**案例三：比较肯尼亚蒙巴萨不同宗教群体之间对 HIV/ 艾滋病的了解和观念**

国际文凭：肯尼亚蒙巴萨阿迦汗学院

十二年级

作为其国际文凭（IB）学位拓展毕业论文要求的一部分，萨米尔在他生活的城市——肯尼亚蒙巴萨进行了一项关于三个宗教群体——基督教徒、印度教徒、穆斯林教徒——对 HIV/ 艾滋病的了解和观念的研究。他解释到 HIV/ 艾滋病疫情已经影响到撒哈拉以南地区数百万的家庭，"由于这些社群无法摆脱极度贫困，从而致使一代年轻人都离开了"。了解 HIV/ 艾滋病需要对人们关于艾滋病起因和治疗方法的最初观念进行批判性审视——这些观念通常是与文化和宗教价值交织在一起的。

萨米尔的文章探讨了宗教和人们对 HIV/ 艾滋病的态度之间的相互影响。他提出了两个问题：每个群体中的成员对于 HIV/ 艾滋病起因及可能的治疗方法有哪些了解和观念？某些特定群体的成员之间是否持有相似的观点，如果有的话，宗教领袖在塑造社群对于疾病的观念、了解、态度上扮演什么样的角色？

萨米尔请这三个宗教群体中的领袖、成年人、青少年完成了一份问卷，问卷设计的目的是采集关于 HIV/ 艾滋病的普遍观念和误解（其成因、传播、治疗）以及科学和生物学角度的解释。以下是问卷问题的实例：

2）HIV 是什么？

a. 家庭知识病毒（Household Intellectual Virus）

b. 人类免疫缺陷病毒（Human Immunodeficiency Virus）

c. 人类智能病毒（Human Intelligence Virus）

d. 人道免疫病毒（Humanitarian Immune Virus）

9）可以怎样预防 HIV？

    i. 远离感染者

    ii. 使用安全血液、确保不被小巴车上外露的钉子等伤到

    iii. 不与感染者共用餐具

    iv. 使用直接避孕用具（避孕套）

a. 只选 i

b. 只选 ii 和 iv

c. 只选 i 和 ii

d. 以上全选

13）艾滋流行病可以通过医学手段避免吗？

a. 可以，通过注射疫苗

b. 可以，人们可以在和感染者做爱后服用避孕药或者把从感染者身上输的血放出来

c. 不可以，因为预防传染病或流行病的方法是给尽可能多的人注射疫苗，但不可能给全部人都注射疫苗

14）HIV 的遗传物质是由什么构成的？

a. 1 个 DNA 链

b. 2 个相同的 DNA 链

c. 2 个不同的 DNA 链

d. 2 个相同的 RNA 链

19）你会怎样对待一个 HIV/ 艾滋病病人？

  a. 远离他 / 她

  b. 友好相处但不要触碰或与他 / 她分享食物

  c. 正常相处但谨防血液接触

  d. 取笑 / 欺凌他 / 她的状况

18）以下饼状图展示了非洲的主要疾病：图表的哪一部分

代表 HIV？

  a. A

  b. B

  c. C

  d. D

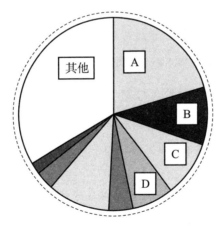

图 9　非洲疾病

  结果显示，在同一宗教群体内部观念往往是一致的，而不同宗教群体之间却呈现出显著不同。对宗教领袖进行的采访进一步证实了这些不同，采访显示不同群体之间对艾滋病的科学了解和整体态度的程度均不一样。根据自己的研究，萨米尔发现，宗教观念可能如何影响社群对HIV/艾滋病的态度以及那些态度是否或多或少具有科学依据，这两者之间是有关联的。

**这个项目是如何体现萨米尔探索世界的能力的?**

*找出议题，解释其全球意义，并提出有重点、可研究的问题。*

首先，作为一名具有全球胜任力的学生，萨米尔能够找出并有效设计出自己感兴趣的议题：宗教信仰对于人们关于HIV/艾滋病的了解和态度的作用。他清晰地阐述了这个问题对于他的肯尼亚同胞及其他南撒哈拉非洲人的意义：

> 2007年，肯尼亚有150万到200万人感染了HIV/艾滋病，8.5万到13万人因为艾滋病而死亡。也就是说，艾滋病影响了非常多的人，这是一个值得高度关注的领域……本研究关注的蒙巴萨是一个受宗教伦理控制的地区，主要是伊斯兰教、基督教、印度教……在蒙巴萨，宗教道德和价值是被高度重视的，认识到这一点很重要。

*运用各种语言以及国内和国际的信息来源。*

萨米尔精心设计了问卷问题来揭示科学知识和误解。他通过学习三个宗教传统的圣书选段来丰富自己的研究。他还发挥自己的语言技能，分别用英语和斯瓦希里语制作了两个版本的问卷，并让参与问卷的人选择自己偏好的语言。

**分析、完善、综合证据来构建一致的回答。**

萨米尔利用他的研究来测试自己最初的假设。例如，他曾假设这些社群中的成年人应该不会愿意听宗教领袖们在公共场合谈论 HIV/ 艾滋病和性。而结果却恰恰相反：

> ［那个假设］被推翻了，因为大多数接受采访的来自三个宗教的成年人都表示，关于 HIV/ 艾滋病布道的效果是积极的。然而，大多数接受采访的学生认为，在宗教组织里他们不能问关于该话题的问题。相反，很多学生都曾经听过关于 HIV/ 艾滋病的布道，这也推翻了第六条假设（学生在他们各自的宗教组织不会听到太多）。

**以融合不同视角的有力证据为基础形成论点并得出合理的结论。**

根据自己的分析，萨米尔提出了合理的结论以及行动建议：

> 阿迦汗学院的不同年级中均有较高程度的基本认知。而 J. 学院［低年级中的认知程度是较低的］……这些年级中低程度的基本认知可能是对 HIV/ 艾滋病病人形成偏见的原因……这些结果表明，尽管学生们能够意识到 HIV/ 艾滋病，但关于这个话题他们仍然需要接受更多的教育，最主要的是基本知识的教育。这些可以通过在学校举行 HIV/ 艾滋病宣传周、举办研讨会，甚至在课程大纲里引入 HIV/ 艾滋病宣传等来完成。这样的形式可以让学生接触这个话题并意识到存在的危险。

最后，萨米尔还进行了自我批评，提醒读者不要以偏概全，并提出仍需进一步探索的问题：

> 仅观察两所学校的学生不足以对蒙巴萨所有国际学校中学生的认知程度得出普遍结论。另外，该研究未能让学生就如何最有效地提升其同龄人的认知给出建议。这样的研究未来还应该继续并且让蒙巴萨的所有国际学校参与，采访更多的来自每个宗教不同教派的领袖和成年人，以便对蒙巴萨国际学校的认知程度得出普遍结论。此外，还应该对公立学校进行类似的研究，以有助于政府提高对这些学校的认知程度。

**探索世界过程中的机遇与挑战**

以上三个案例体现了学生如何以给学习者带来巨大机遇和要求的方式，对具有全球意义的话题进行研究。他们的研究建立在文学、数学、历史、生物、比较宗教等学科基础上，有时还进行了整合。学生必须认识到，进行研究不仅仅是一项收集事实的训练，而且是一种针对有意义的研究问题付出的系统性努力。在正确引导下，学生学会了超越单纯的信息采集活动（"我会找到关于拉丁美洲诗人的信息"）和过于宽泛而无法深入实证研究的问题（"世界上为什么会存在 HIV/ 艾滋病？"），并立即着手设计和探索那些既有研究性又相互关联的问题。"在古巴的个人经历和文学选择是如何影响利马的独特文学视角的？""蒙巴萨三个宗教群体的成员对于 HIV/ 艾滋病的成因及其可能的治疗方法有哪些了解和观念？"

全球胜任力
—— 融入世界的技能

很多时候，我们引导学生探索的那些具有全球意义的问题并不会出现在教科书里。像对于 HIV/ 艾滋病的观念等问题仍然是开放式的。对于那些习惯把学习看作是简单掌握事实的学生来说，面对这样的不确定性是颇具挑战性的。应该支持乐于探索世界的学生为了收集、权衡、解读来自不同来源且常常口径不一的资料而付出的努力，鼓励他们摒弃不同意见并形成一致的论点，给出证据及综合考量同一问题的两个或多个角度的对立论点。针对开放式问题提出以证据为基础的有力论点，是一项很难掌握的技能，但也是我们当今不断变幻的世界中的一项宝贵甚至是必要的技能。[31]

最后，应该认识到探索世界的学生普遍都满足了他们学校系统的核心学习要求。例如，雅内尔展现了她的发展能力——"引用有力、深入的文本证据支持［她］对文本确切表达之内容的分析以及［她］从文本中得出的推论"——这也是《共同核心州立标准》期望学生应该知道并能够为大学和职场做好准备（六至十二年级文学阅读标准，核心观点和细节）。可能最为重要的是，这些学生能够有机会在一个更加宽泛、充满意义的探索世界的环境中满足这样的期望。随着学生逐渐运用他们不断提高的全球胜任力去应对复杂的新问题，他们也为在大学取得成功、参与职场生活和公民社会做着准备。

### 请你思考

1. 思考一下你今年教的内容。有没有具有地方和全球意义的具体问题值得学生探索？有没有特殊的探究方法是学生可能通过探索世界来学习的？

2. 在你看来，你的学生在设计研究问题时可能会面临哪些学习挑战？收集、权衡、解读信息，还是整合证据构建论点？你能够怎样最好地帮助他们？

3. 在你看来，鼓励学生探索他们周边环境以外的世界的价值是什么？风险是什么？跟你的同事分享你的观点。

全球胜任力
——融入世界的技能

# 第四章

## 具有全球胜任力的学生分辨视角

　　学生迈向全球胜任力的关键一步，就是认识到自己拥有一个特定的视角———一个别人可能并不赞同的视角。为了对世界议题有全面的理解，人们必须能够阐述和解释其他个人、群体或思想学派的观点。比如，具有全球胜任力的学生能够理解经济状况可能如何塑造个人对自己生活的期望，宗教可能如何塑造人们的责任感。他们明白，对知识和技术的获取在世界各地存在着不平等，而这对人们的观念和生活质量产生着影响。利用自己有关历史、文化和时事的知识，具有全球胜任力的学生能够把自己和他人的观点进行比较。他们在必要时能够整合不同的观点并合成新的视角———种对处理复杂的全球议题至关重要的综合视角。

　　下列方框中列出了与分辨视角相关的四项具体能力。后文将通过两个学生活动的案例对这些能力进行阐述：第一个案例来自美国加利福尼亚和印度班加罗尔的学校间的合作项目；第二个案例是美国西雅图一所公立中学八年级英语语言艺术课的课堂。

具有全球胜任力的学生能够用以下方式分辨视角：

- 针对形势、事件、议题或现象分辨和表达自己的观点，并找出该观点的影响因素
- 审视其他个人、群体或思想学派的观点，并找出这些观点的影响因素
- 解释文化互动如何影响形势、事件、议题或现象，包括知识的发展
- 阐述对于知识、技术、资源的不同获取程度如何影响生活质量和视角

### 案例一：探索世界各地的居所

托德·埃尔金：加利福尼亚州菲蒙市华盛顿中学

阿里尔·罗曼：加利福尼亚州奥克兰市东奥克兰艺术学校

阿尔苏·米斯特里：印度班加罗尔市贫民学习中心

受到全球涌现的"大型贫民窟"统计数据的启发以及当代艺术家对这些问题之投入的激励，该居所项目联合了来自三所教育机构的学生：两所美国公立学校（分别来自城市和郊区）和一所为印度班加罗尔贫民窟穷人开设的学习中心。埃尔金、罗曼和米斯特里共同设计了这个项目，希望能增强学生对全球人们生活状况的认知。该项目鼓励学生把自己想

象成当代艺术家并参与到关于世界绝大多数人应该如何生活的全球对话中。教师这样问道："作为一名艺术家，你创作的东西是如何与你作为一名世界公民的责任相互关联的？"

　　该单元利用三所学校在文化、社会经济和环境上的多样性，鼓励学生通过共享博客和 Skype 聊天的方式相互交流思想并对彼此的成果进行评论。该项目以三所学校各具特色的居所的建成而告终。对美国的学生来说，居所体现了对当代艺术的探索。而对班加罗尔的学生来说，该项目演变成了未来可移动教室的设计——一个适合学生冥想和学习的临时学习空间。在他们的设计中，学生们受到启发，使用了像彩色塑料袋、塑料瓶等循环回收的材料来过滤阳光，创造了一个具有丰富视觉效果的幸福空间。

**这些学生是如何展示他们分辨视角的能力的？**

**分辨和表达自己对于形势的观点并找出该观点的影响因素。**

对美国学生来说，该项目唤起了他们对世界不平等以及他们相对优越的生活方式的认知。对居住在郊区的学生来说尤其如此，因为该项目使他们有机会带着感恩和批判的心重新审视自己的居住地。学生们很感激他们能轻松获取技术、无需工作以及相对安全和整洁的生活环境。他们开始认识到在这种环境里生活会如何影响他们对生活标准的认知。正如一位学生所评论的那样：

> 居住在棚户区［等类似地方］和生活在贫困中的人的数量多到惊人。人们经常可笑地以为其他人也是以同样的方式生活的，可能是因为我们周围都是有着同样生活方式的人。但当你走出舒适区看到真实的一切后，你会觉得太疯狂了。能够拥有我们所拥有的一切，我们是何等的幸运。

这些学生还能像当代艺术家一样增强认知、提出批评：

> 我们的居所之所以这样建造是有原因的……它们是可以改变空间的装置。你会在郊区看到棚户区吗？通过所有这些方面，居所可以为自身的实际意义提供一种新的视角。它不仅仅是一个盒子。

**审视其他个人、群体或思想学派的观点。**

互换照片以及在线互动让学生能够了解彼此的环境并且分析文化、

风格和知识方面的差异。华盛顿中学托德·埃尔金的学生立刻注意到班加罗尔阿尔苏·米斯特里的学生所使用的学习空间——学生基本都是光着脚在地上、在户外。当印度学生给埃尔金的学生的设计提供反馈意见时，他们对自然要素的熟悉和对自身环境的认知也凸显出来。美国学生也认识到，与自然环境"更加亲密"的生活和学习影响了他们印度小伙伴们的看法和关注重点。班加罗尔学生的观点在几个学生群体中建立起一种权力和尊重之间的重要平衡。思考以下来自米斯特里两个同学的例子：

南迪尼：你们有没有想过利用斜坡屋顶来收集雨水？屋顶的边缘可以有水槽。看看我们的冥想室。

钱德拉卡拉：你们家会有花园吗？我们在设计空间的时候必须考虑五个问题：1. 你们的空间是如何与太阳、风、雨、声音发生相互作用的？ 2. 教室的物理因素应该如何激发学习（窗户、门、黑板、座椅等）？ 3. 你们的空间怎样处理垃圾？ 4. 你们的空间怎样改善环境/留下积极的生态足迹（食物、森林景观、废物、电力、其他投入……）？ 5. 你们的教室怎样激发创造性游戏？这五个问题是否也适用于你们的空间/模型，即使它是一座房子而不只是一间教室？

**解释文化互动如何影响形势，包括观点的形成。**

本项目的合作性质在于让来自不同背景的学生能够分享观点、影响彼此的设计并且认识到方法上的相似之处。共同的任务是合作、跨文化分析、更深入了解的有效平台。埃尔金的一个同学谈到了相同的头脑风暴技巧：

> 我觉得他们的海报在视觉上比我们的海报更有吸引力。看
> 到世界另一个地方的人用同样的思路方法是一件很酷的事情。
> 尽管我可能不明白纸上写的是什么，但方法是比较相似的，我
> 觉得这真的很棒。

**阐述对于知识、技术、资源的不同获取程度如何影响生活质量和视角。**

尽管他们所处的社会经济环境极其不同，加利福尼亚和班加罗尔的学生们还是就食物、居所、教育对人们生活方式的影响进行了一系列思考。讨论的范围不仅仅局限于物质财富，还包括那些能够带来幸福并且让个人拥有关心他人幸福的责任感的条件。"在我们看来，这个项目让我们感受到无家可归者的情感，"埃尔金的一个同学评论道，"但它不仅仅是关于无家可归者的——它是一种让我们感受任何在生命中曾经面对困境之人的情感的一种方式。"米斯特里解释说：

> 学生们进行了一次关于全民教育的全球对话。在评论阶段，
> 我们就应该为像我们贫民学习中心这样的 40 个孩子而设计还是
> 为像公立学校那样的 500 个孩子而设计，也展开了激烈的争论。
> 同学们就教育的质量、规模和需求进行了讨论对话。作为艺术
> 家，他们牢记自己的真实背景（社会经济、文化、地理、环
> 境），参与到了一场全球对话中。

米斯特里相信，对教育的重要性和人生经历的反思能够帮助学生重塑他们对机会的看法。"我们的大多数学生都是建筑工人的孩子。"她解释道：

> 我们选择了一个他们了解的领域进行突破，把他们放到一个具有全球意识的设计师的层面。他们展示自己的作品、得到地方建筑师和设计师的反馈意见，这证实了他们所做事情的重要性，并促使他们跳出自己学校和教室的维度进行思考。有个学生已经在继续这个项目，并提交了在她的社区建一间校舍的图纸和模型。还有其他学生根据对各种雨水收集模型的研究设计了详细的雨水收集系统。

正如该项目所展示的，互动和严肃认真的项目能够帮助学生发展他们对生活在地球另一端和完全不同的社会经济条件下的人的认知。跨文化合作鼓励学生挑战刻板印象，意识到多元化视角可以丰富他们的作品，以及他们对自己作为作品创造者的认识。

### 案例二：有幽默感吗？关于美国和阿富汗的笑的研究

华盛顿州西雅图探险家西校

八年级

"喜乐的心，乃是良药；忧伤的灵，使骨枯干。"这句出自《圣经》的箴言，是西雅图学生亚历克斯精心撰写的一篇关于笑的普遍生物价值的说明文开头。正如他解释的那样："［笑］能增加大脑中血清素的含量，让人放松；也能增加大脑中多巴胺的含量，从而改变你的行为，让你变得更快乐并帮助你保持积极的人生观。"亚历克斯用直接、丰富多彩的方式向读者娓娓道来。他强调幽默的核心交流特征就是，笑话和喜剧是由听众来解读并决定最终结果的——即究竟好不好笑。对于"笑话怎么有效"来说，语境和观众起到重要作用。为了详细阐述这一点，文章对美国幽默和阿富汗幽默的例子进行了比较。亚历克斯指出，美国的幽默"主要取决于一个或多个人的观察"。而且会很容易变成自嘲式的，就像谚语说的那样："宁愿保持沉默让人看起来像傻子，也不要一开口就证明确实如此。"

阿富汗的幽默则具有不同的结构和社会功能。"比达尔是一个可以让人们逃避痛苦和恐惧的滑稽演员。"亚历克斯的文章解释道。比达尔常用的伎俩之一就是扮演那些充满恐惧的人，从而帮助人们面对自己的痛苦。比达尔在阿富汗的高人气让亚历克斯意识到，他的这种幽默在地方的特定环境中是有效的。阿富汗人民用喜剧来忘记侵略、治愈暴力。此外，偏远地区的村民还会在地方选举之前用幽默进行自我宣传。

亚历克斯的文章以一个建议为结尾。为了保证精神和身体健康，读者应该沿袭道士每天微笑的传统。另外，为了构建一个有韧性的社会，他劝告读者要记住查理·卓别林的话："要真正地笑，你必须直面自己的痛苦并和它嬉戏。"

**亚历克斯的项目是如何体现他分辨视角的能力的？**

*分辨及表达自己和他人对某一问题的观点并找出该观点的影响因素。*

很显然，亚历克斯认识到幽默在不同文化中的意味是不同的，并且考虑到所涉及的不同角度。他首先意识到，自己自然而然认为好笑的那些符合美国标准的笑话只是全球不同类型幽默中的一种。虽然亚历克斯没有研究过美国人喜欢观察和自嘲的起源，但他通过引用马克·吐温、安布罗斯·比尔斯、加里·拉森、比尔·沃特森等经典美国幽默作家的观点阐明了自己的看法。

亚历克斯抱以最高的敬意写到，他明白在像阿富汗这样饱受战乱的地方，幽默的方式和其他地方是不同的。在阿富汗，幽默承担了自我保护的功能并且经常被用作权力斗争的工具。这种幽默方式扮演着重要的社会角色，其主要特征就是常常提及恐惧、暴力和侵略。通过研究这两种文化的幽默可以学到些什么呢？在结论中，亚历克斯督促读者要微笑并在痛苦中寻找幽默，建议读者尝试将两种截然不同的文化视角结合起来。

就像加利福尼亚－班加罗尔居所项目的作品一样，亚历克斯的作品也体现了他从别人的角度看待世界的不断成长的能力，并在这个过程中理解自己世界观的形成背景。通过这样做，亚历克斯和他的同伴们学会了改变那些围绕在他们身边的社会刻板印象（比如关于消极的、被剥夺权力的、贫穷的印度青年，或者关于在战争中无法找到丝毫幸福的阿富汗人民）。他们培养了跨文化敏感度，能够比较不同的视角并理解这些视角如何受到环境的塑造。

### 分辨视角过程中的机遇和挑战

对于准备进入多元文化工作环境的学生来说，更深入的学术研究、公民参与、分辨视角并不是一项可有可无的技能：它是生活在 21 世纪的基本必需品。以上分享的案例体现了年轻人通过对话和学习培养其对自己和他人的认知的微妙过程。这些学习经历能够激励学生去应对多元分辨视角的两个基本挑战：克服社会刻板印象和培养跨文化理解。

社会刻板印象是典型的无意识且根深蒂固的观念。例如，学生可能会认为非洲的所有人都是贫困的，或者移民到一个新的国家就是为了占用地方的社会服务资源。学生在日常生活中经常会遇到社会刻板印象。单纯通过学习世界历史、经济学、文化或者语言的基本知识是无法转变这种印象的。学生要转变自己的社会刻板印象，必须从认知和情感上融入那些挑战他们的场景——通过人际互动、案例研究以及对跨文化经历的反思。同样，了解他人的价值观、信仰和选择，能够鼓励学生培养跨文化意识——理解、感受多元的世界观以及在不同文化背景下进行敏感而有效互动的能力。[32]跨文化敏感度的成功学习不会把体验差异看成是威胁，恰恰相反，它能够让学生在明智地选取每个文化背景精华的基础上，对新旧价值观进行整合。[33]

强效的学习经历能让学生认清个人身份之组成要素（例如性别、年龄、阶层、种族）的多重性以及塑造这些要素的力量（例如文化的、政治的、经济的、历史的、环境的），从而让他们重新校准自己的观点。要想成为拥有全球胜任力的学生的成功培养者，教育者必须明白在研究他人的世界观，反思自己的视角以及让学生以知情和恭敬的方式充分练习做同样的事情时所存在的微妙张力。

**请你思考**

1. 思考一下你人生中开始认识到他人或自己的视角的时刻，是什么激发了这样的认知？你明白了些什么？

2. 审视一下你的学生为班级带来的多元背景。你能够做些什么，以让大家看到这种视角的多样性，营造一种鼓励和尊重的风气，帮助学生在你的课堂上了解自己和他人的视角？

3. 思考一下你所教的内容。是否有些具体话题可以通过考虑不同的文化、经济、宗教、地区，或者学科视角而变得更加丰富？你可以怎样重新设计你的教案来培养学生识别和表达不同观点的能力？

# 第五章

## 具有全球胜任力的学生沟通思想

受众与合作者经常会因为文化、地理、信仰、意识形态、财富及其他因素而产生不同的意见。正因如此，具有全球胜任力的学生必须能够仔细地对受众加以区分并相应地调整自己的行为，在多元化的团队中朝着共同目标一起努力。在当前这一历史阶段，英语依然是世界贸易和交流的通用语言，所以来自美国和其他地方具有全球胜任力的学生会因为精通英语及至少一门其他语言而颇为受益。精通各种媒介和新技术是 21 世纪在全球范围内沟通思想的另一项基本要素。

下列方框中列出了与沟通思想相关的关键能力。而后文中会用两个学生案例对这些能力进行阐述：第一个案例是西雅图一项用学校场地为地方一家避难所种植食物的尝试；第二个案例涉及阿姆斯特丹国际学校通过当代艺术探索殖民化带来的紧张交际关系。

具有全球胜任力的学生能够用以下方式沟通思想：

· 认识并阐述不同对象可能会对同样的信息产生不同的理解以及这会如何影响沟通

· 倾听不同人的观点并进行有效沟通，使用恰当的口头和非口头行为、语言及策略

· 选择和使用恰当的技术和媒介与不同对象进行沟通

· 反思有效沟通如何影响这个相互依存的世界中的理解与合作

## 案例一："为我们的社区种植食物"——数字故事

理解之桥课外项目

华盛顿州西雅图黑濑秋中学

八年级

西雅图黑濑秋中学的八年级学生一直在研究全球粮食危机对世界各地社区的影响——包括他们自己所在的社区。通过理解之桥（Bridges to Understanding, BU）的课外项目，学生分析了印度和南非小朋友的数字故事，并就不断上涨的粮食价格和社区工作交流了看法。学生在学校里建了两个食用花园，决定通过为地方做贡献的方式来应对这个全球性问题。他们把蔬菜捐赠给地方的食物银行，并且创作了自己的数字故事进行分享。

数字故事及其附属的讨论区有两个目的。第一，力图展示在当地社区如何利用学校场地缓解全球粮食危机。第二，力图从网上收集更有经

验的园艺家的意见。鉴于图片能够帮助不同受众看到整地、播种等阶段，学生用照片和文字的方式来描述花园设计并记录下了过程。同样，学生们的帖子都是同时用英语和西班牙语写的，以迎合讲这两种语言的人的需要。以下是故事的节选：

我们首先在地里种了一层覆盖作物。覆盖作物能够改善和保护土壤。我们在十月份种了三叶草和黑麦。它们能够在冬季改善土壤的质量。

我们可以利用印第安人的"三姐妹"技术，就是种植大豆、玉米、南瓜，这对我们社区的食物银行有所帮助。

**这些学生是如何体现他们沟通思想的能力的？**

**认识到不同对象可能会对同样的信息产生不同的理解。**

学生们首先通过审视自己教室里的多样性来探索与不同对象进行沟通的复杂性。在一所学生说着各种语言的学校中，学生们创作了解释他们独特视角和价值观的文化自画像。这些自画像体现了对学生个人及其文化具有重要意义的话题，包括他们对食物及粮食危机的看法。对这些学生来说，欣赏教室中存在的差异，为他们通过网络拥抱全球的多样性奠定了基础。别人会怎样解读那张我们学校建筑的背景图或者网上帖子最后充满幽默感的注释？别人会怎样看待我们的故事和我们（相对被保护）的世界？认识到文化的差异性会促使学生在沟通时具有敏感度。

有一次，一位来自印度乡村的教师在讨论区表达了他第一次听说食物银行之后的感激之情。这位教师称自己为农民，还问到黑濑秋中学是否也有很多农民。学生们抓住这个机会解释了食物银行的运作情况并解释说自己的角色是"园丁"：

> 食物银行是一种社区资源，用来帮助那些没有足够的钱或者食物来养家的人。我们认为收获食物的时候会感到一种成就感。

> 我们学校后面有两个花园植栽床。我们不觉得自己是农民……我们是园丁，做这些既为了乐趣，也为了社区。

学生们的帖子体现了他们对网络礼仪和交际规范的理解。在全球胜任力的定义方面，他们展现出运用恰当的视觉和口头语言来倾听不同受众并与之进行有效沟通的能力。他们的写作通俗、活泼、引人入胜，每一个帖子都以问题结束来吸引读者参与。下面就是一个学生帖子的例子：

理解之桥课外数字故事项目，美国华盛顿州西雅图，2010 年 2 月 9 日

> 我们为大家创作了一个数字故事！它是关于我们如何在学校为食物银行种粮食的。我们希望每个人都能在我们班级的页面上看到这个数字故事。

你们的学校有花园吗？

如果有的话，你们都种了些什么？你们种的食物怎么样了？

如果你们学校没有花园，你们在家里种食物吗？你们从哪里购买食物？

你们有什么特殊的种植或园艺技术吗？我们听说有"三姐妹"法——南瓜、玉米、大豆——我们今年春天可以种。

：）

下次再聊！

学生意识到他们所面对的是世界各地的受众，他们一致同意不使用常见的美国文字简讯的规范，因为他们认识到，对其读者而言"英语可能是他们的第三或第四种语言"。

**选择和使用恰当的技术和媒介与不同对象进行沟通。**

数字故事的讲述要求学生同时处理视觉、听觉和文字材料以及项目的在线展示。每一种沟通形式都要求仔细关注并配合不同体裁。照片受到构图和灯光的概念以及捕捉情绪和运动的方式的共同影响。而最终选择的照片要尽可能有力地向受众传达信息。照片相应的英语和西班牙语双语文本也是按照类似的程序予以选择的。最后，学生们对交际选择的密切关注，让他们能够灵活地参与到国际对话中，并在这个过程中和他人一起学习，同时也了解他人。

## 案例二：偶发艺术——"把你的文化装进盒子里跟我走"

阿姆斯特丹国际学校

十年级

根据当代音乐、艺术和戏剧课的期末项目要求，学生们要在学校创作一种偶发艺术（happening）———种偶然即兴发生的艺术事件或装置。学生的任务是以审美、新奇的方式来探索流放的概念。海伦、京子、诺亚和金熙四人的偶发艺术将殖民化作为强制流放的隐喻进行了研究。这个小组决定把观众（教师、研究人员以及特殊嘉宾）纳入他们的作品当中，因为他们"想让观众真正体会殖民化可能是一种什么样的感觉"。他们穿上黑色的衣服，用面具遮住一半脸，并同时用四种不同的母语对观众进行叙述。参与的观众没有办法理解学生说的是什么，但学生强有力的手势暗示着观众跟随他们前往这项偶发艺术的不同位置。

学生想要在观众中引发无力感和挫败感，让他们感到自己真正被"殖民化"了。随着服从的压力不断增加，所有双向沟通的尝试都瓦解了，而被俘虏的观众开始安静地跟随戴着面具的学生们。参与的观众还被命令把他们的披肩、手表以及一只鞋放进一个标记为"前殖民历史博物馆"的盒子里，然后被迫带上写着他们新名字的标签。

**这些学生是如何体现他们沟通思想的能力的？**

*认识到不同对象可能会对同样的信息产生不同的理解以及这会如何影响沟通。*

学生们的偶发艺术实质上是关于沟通在文化政治镇压下是如何进行并产生意义的研究，体现出学生对于殖民者和被殖民者如何不同地解读他们的现实、行为及物品的全面而深刻的理解。把具有个人意义的日常物品放到"博物馆"的象征性行为，只是学生用来传递这种不同解读的冲突的有效战略。

*使用恰当的口头和非口头行为、语言及策略。*

学生们体现出整合一系列艺术表达方式来传递自己信息的能力。"我们选择用面具来象征文化的不同。我们一戴上面具，就不再是真正的自己了。"学生们用刺耳的声音和压迫、专制的手势与一群对各种信息输入都很敏感的观众进行沟通，他们还把自己的作品和其他当代艺术家的作品相联系。比如，他们向延伸了音乐表达的约翰·凯奇（John Cage）和通过视觉作品研究"专制压迫"的卡拉·沃克（Kara Walker）致敬。

*反思有效沟通如何影响这个相互依存的世界中的理解与合作。*

殖民主义偶发艺术的例子体现了学生对沟通在历史和伦理上的角色的细致理解。他们的作品对种族中心主义、缺乏倾听能力、缺少尊重以及相应的真正跨文化合作的障碍提出了批判。这些来自不同文化背景的学生以机智且带有反思的策略，对自己的语言多样性加以评论和利用，以达成共同的美学目标。对沟通的详尽研究——其局限、缺陷以及滥用的潜在性——提升了学生在与不论远近的人们互动时的口头或非口头表达方式的责任意识。

**与不同对象沟通思想的机遇和挑战**

要教导学生跨越文化、社会经济、宗教以及个人差异进行得体的沟通，这要求教师创造各种机会让学生对复杂沟通进行练习和反思。学生必须学会不仅仅关注如何跟他人进行沟通以及沟通什么内容，还必须研究为何、何地、何时以及和谁以有意义的方式进行沟通。[34] 简而言之，学生需要且能够以高水平的复杂程度进行沟通。比如在美国，《共同核心州立标准》强调要看重把"写作当成提出和辩护主张，体现对某一主题的了解，传递自己所经历、想象、思考、感受过的一切的关键手段……仔细考虑任务、目标和受众，谨慎选择用词、信息、结构和格式"。[35]

除了语言，像数学、艺术、历史、地理、科学及卫生等科目也为劝说、辩论、质疑、叙述、描写以及在以不同方式感知世界的个体之间达成共识提供了重要工具（语言的、图表的、手势的、技术的）。像如上所述案例那样的反思性沟通活动不仅帮助学生理解沟通的语境（沟通者的角度、意向、约束），也帮助他们培养沟通的敏感度。

例如，对学生来说看起来显而易见、不言而喻的表达，对于带着不同心情理解这些表达的其他人来说则可能是模棱两可、含糊不清的。同样，跨越不同语言和背景的对比，能帮助学生明白不同文化的人之所以沟通起来不一样，不仅仅因为他们使用的语言不同，还因为他们的标准不同。例如，学生可能会逐渐意识到人们对分歧有不同的接受程度，交谈中的话题在另一种环境下的作用方式是不同的，或者情感和经历的个人分享在不同的社会群体中或多或少都是普遍的。这些技巧娴熟的沟通者能够变换交际风格并调整自己的行为，以更好地达到自己的交际意图。最重要的是，学生不会用他们自己文化模式的标准去评价他人的交际风格，相反却会在互动的过程中保持多元和尊重的态度，且认识到差异是一种事实。

**请你思考**

1. 回想一下你认识的人。你能不能找出几个你认为在与不同对象沟通的能力上堪称模范的？他们是如何做到有效的？这项能力有多宝贵？

2. 仔细观察你课堂上经常使用的沟通形式。你使用多媒体吗？课堂上的表述多为绝对、明确的，还是会引发富有成效的思考和对话？

3. 思考一下你教的内容。是否有些具体话题是可以帮助与不同对象沟通的？对沟通进行反思能够如何丰富学生对于所研究话题的理解？

# 第六章

## 具有全球胜任力的学生采取行动

　　具有全球胜任力的学生力图使世界有所不同，他们不仅仅收集关于世界的知识，也不会等到长大后再努力做出改变。[36] 他们会在当下、在周边环境或世界范围内发现并创造能够改变世界的机会。具有全球胜任力的学生，无论是个人行动还是合作行动，他们的行为都合乎道德，并且具有创造性。他们在预设与权衡行为选择时会基于证据与观察，能够评估计划的潜在影响，并考虑到潜在结果的各个方面。基于此，他们展示出在行动实施与反思上的巨大勇气。

　　下列方框中列出了与"采取行动"紧密相关的关键能力。然后本章列举了三位学生的例子来展示当他们"采取行动"时所遇到的机遇与挑战。第一位是英国一名四年级的学生，他撰写的关于政治难民孩子的文章获得了"青年记者奖"。第二个例子展示了一名来自阿根廷布宜诺斯艾利斯的九年级学生是如何努力保存受到全球化冲击面临消失的前哥伦比亚的音乐传统的。而第三个例子则展现了来自美国圣安东尼奥市（得克萨斯州的南部城市）公立高中的毕业生如何呼吁立即采取措施解决泰国的水污染危机。

> 具有全球胜任力的学生能够在以下方面采取行动：
>
> · 能够识别并创造机会，采取个人行动或合作行动来处理不同情形下的事件与问题，以改善目前的环境与条件
>
> · 能基于证据与潜在影响评估方案和规划行动，并综合考虑现有方法、各方观点以及潜在结果
>
> · 无论是个人行动还是合作行动，行为均符合道德要求，并且具有创造性，他们能为地方或者全球的进步做出贡献并评估实施行动的影响

### 案例一："纳粹是德国人吗？"

国际特赦组织／德雷顿公园小学，英国伦敦

四年级

弗洛伦斯今年 11 岁，由于经常阅读莫里斯·葛雷兹曼（Morris Gleitzman）和迈克尔·莫普格（Michael Morpurgo）的书以及安妮·弗兰克（Anne Frank）的日记，她对第二次世界大战产生了浓厚的兴趣。当她得知国际特赦组织和《卫报》（*The Guardian*）发起关于人权报告的比赛时，她想起了近日与家人的谈话。她和父母在讨论人权问题时，话题转移到了英国拘留中心的问题上。最近的一项研究发现，将难民孩子强制送入拘留中心对他们的身体与心理都造成了长期的不利影响。弗洛伦

斯打算唤起公众对这一问题的关注，她开始了自己的研究。她将自己的研究发现以《纳粹是德国人吗？》（Is This Nazi Germany？）为题写成文章呈现给大家，这篇文章获得了2010年国际特赦组织青年人权报告小学高年级组的奖项。

### 纳粹是德国人吗？

她从睡梦中惊醒，八个身穿制服的男人鲁莽地闯进她家前门。她的妈妈开始尖叫，待在那里一动不动，身体不由自主地颤抖。这些男人递给她几页纸，毫不理会她的愤怒与尖叫。

男人们开始在屋里到处搜索，把家里翻得乱七八糟，然后粗鲁地扭住她们的双臂并强推着她们走向货车后箱。她们不知道将要去哪里，也不知道在这样一个阴暗封闭的空间里还要待多久。

这并不是在纳粹德国，这是在2009年9月的利兹（英格兰北部城市）。伯利恒·阿巴特今年11岁，由于受到父亲的虐待，她跟随母亲从埃塞俄比亚逃到利兹。如果她再回到埃塞俄比亚，她将与母亲分开，因为母亲是厄立特里亚人，将被拘留甚至被当局杀害，而她将无人照料。

亚尔斯伍德位于英国的贝德福德郡，是为政治避难者提供的拘留中心。每年它将接纳1000名儿童，但这并不是孩子应该待的地方，没有任何一个孩子应该以这种方式被剥夺受教育的权利和自由的权利。

当伯利恒进入亚尔斯伍德时，她说："正如我犯了可怕的罪，被送进监狱一样。"

"我以为英国政府能够理解我们的处境并且帮助我们。"

伯利恒和她的母亲目前已经得到许可能够留在英国。当她们回顾在亚尔斯伍德的日子，依然感到恐惧。但许多和她们有相同遭遇的人却没有如此幸运。

## 这名学生的文章是如何体现她采取行动的能力的?

**鉴别并创造机会来采取行动以改善目前的状况。**

弗洛伦斯在书中读到拘留中心孩子的经历时心中倍感不安。"得知那么多的孩子被送进拘留中心，他们在童年没有得到合适的教育，这使我感到非常担忧。"在父母与教师的鼓励下，弗洛伦斯认为征文比赛是强调这一问题的极好机会。她解释道：

> 在我们谈论这个问题之前，我并未意识到在英国居然也有侵犯人权的情况存在。之前我一直认为只有在印度或者非洲才存在这种现象，却没想到这里也有。这实在是太可怕了。

在她看来，这篇文章能够帮助"唤起公众对于拘留中心孩子的关注。没有任何一个孩子应该被剥夺教育与自由"。弗洛伦斯认为聚焦于描述和她年龄相仿的孩子的情况是一个有效的叙事技巧，可以将自己安全和舒适的生活与文中的孩子做一对比。受到自己崇拜的安妮·弗兰克的影响，弗洛伦斯的文章试图按照安妮·弗兰克对女孩的描述开展。

**开展符合道德并具有创造性的合作行动去改进目前的状况。**

文章获得认可促使弗洛伦斯开始考虑怎样进一步改善难民孩子的状

况，于是她加入了国际特赦组织的青年活动家队伍，致力于唤起英国民众对难民孩子的关注。英国政府正在决定废除儿童拘留的规定，并给难民孩子以合法地位。弗洛伦斯补充道：

> 我真的希望我能使这一情况发生改变。很多活动家们都在努力使拘留中心变得更好。我理解我们必须保存拘留中心，但不可以给它起这么恐怖的名字，或者没必要在那儿对别人进行身体与精神的双重折磨。你们不需要给别人带来如此恐怖与灾难性的体验，因为这将给别人的生活带来严重的影响，留下抹不去的伤疤。

**对自己倡导并做出贡献的行为能力进行反思。**

当被问到自己作为孩子是否真的能使状况有所不同时，弗洛伦斯充满希望地答道，她能为大家都在努力为之达成的目标做出自己的贡献。她感恩于自己得到的所有支持，并深深明白父母与教师的鼓励对她能够表达自己的观点起到了关键作用。她非常开心能找到自己关注的话题：废除儿童拘留，并且她知道了"不管发生什么，你都得为你所信仰的东西起立并发声"。

### 案例二：索菲亚的 SIKUS（传统的安第斯山脉长笛）

国际文凭课程：圣乔治中学，阿根廷布宜诺斯艾利斯
九年级
索菲亚的音乐教师认为，全球化将增加青年人所听音乐的同质化趋势，其结果将导致来自安第斯山脉的前哥伦比亚时期的传统音乐、文化

以及相关乐器逐渐退出历史舞台。对此索菲亚感到非常困惑。怎样才能使这些传统得以保存？为了解决这一问题，索菲亚所在的班级对安第斯山脉的音乐、艺术以及文化遗产进行了深入学习与研究。索菲亚在她最后的报道中写道：经过衡量与选择，班级决定创建一个持续的倡议来促进前哥伦比亚时期的乐器与音乐得以保存。

索菲亚的班级用可回收利用的原材料制作了一系列 SIKUS。这些长笛由再生环保纸做成，被设计成能在五声音阶上发声，并且用精心挑选的传统安第斯山脉艺术图案进行装饰。为了进一步保存这些文化传统，索菲亚班级的同学们到附近一所贫困学校去教那里的移民孩子制作、装饰与吹奏安第斯山脉长笛。索菲亚对班级所取得的成绩感到很自豪，她说道："对于贫民区的孩子们来说，土著音乐在群体中更被看作是一种文化表达方式予以接受。"她用充满希望的观察总结自己的报道："正如班级所实施的这个项目一样，我们进入了一个崭新的阶段，从歧视、种族偏见、不包容走向了接纳、崇敬与尊重，并且包容我们城市的所有居民以及他们的行为与文化表达。"

**索菲亚和她的同伴们是如何体现他们采取行动的能力的？**

*鉴别并创造机会来采取行动以改善目前的状况；基于证据与潜在影响评估方案和规划行动。*

索菲亚的全球胜任力开始于她对全球化带来的文化遗产消失的真正关注与担忧。索菲亚发现自己有机会为此做出贡献，从而使她积极地全程参与了该项目：她知道自己可以使情况有所改变。在处理这件事情上，索菲亚和她的老师以及同伴们思考过多种可行方案，包括组织校园音乐会或在校报上发表文章等。但他们最后决定用几周的时间开展跨学科的音乐史学习并设计可以反复使用的乐器，因为这种方式的影响力最为持久，尤其是让安第斯山脉直系后代家庭的孩子们参与这个过程会取得更好的效果。

*开展符合道德并具有创造性的合作行动以改进现状；对自己倡导并做出贡献的行为能力进行反思。*

制作出实用的 SIKUS，需要班级许多同学的共同参与。有些同学测试并预估材料的价格，有些同学着手收集再生环保纸，有些同学准备为贫民区的孩子演奏，还有的同学研究传统歌曲如何演奏。同学们展示出了他们的全球胜任力并围绕共同目标进行团队合作。索菲亚的报道回顾了班级是如何成功地制作了可用的 SIKUS（这一乐器本身并非一个小的挑战）并且演奏它。最后，她也提到和贫民区的孩子们共同演奏是这一项目最具挑战性的部分：

一开始，这些和我同龄的孩子们看上去对该项目毫无兴趣。

这让我感到有些困难。所幸的是，他们在过程中慢慢地转变了态度。我能够教会他们如何使用 SIKUS，并使得这种音乐形式可以保留下来。我相信孩子们愿意参与并且创造出属于他们自己的 SIKUS 作品。我们甚至把材料也留给他们使用。时间会告诉大家我们的项目最终是否会成功。

## 案例三：集水、基础设施与教育倡议

国际研究学校网络，美洲国际学校

十二年级

苏珊娜·皮尔斯所在的宏观经济学班级的同学们正在向教师、学校管理者以及其他同学提出他们的发展建议，以回应教师在几周前给他们提出的一项巨大挑战：

> 世界银行正给予联合国额外的资金来帮助提高联合国千禧年发展目标的有效性。你们的团队是非政府组织的一部分，希望得到资助来实施一个项目，用于解决发展中国家的某项突出问题以促进经济的发展。请你们提出一个建议并说明为什么你们的建议能够帮助特定的国家实现经济增长。说明问题的严肃性，并至少用两个经济模型来说明你们的发展建议对这个国家能产生影响。

五位同学选择了为泰国的水污染危机找出解决办法。为了把这一问题置于真实情景中，他们分享了有关泰国经济发展的基本指标（比如人均国内生产总值、城市化进程、失业率、文盲情况等），并且描述了季节变化对不同地区水资源获得的影响。他们还简要分享了泰国的经济发展历史，并认为泰国文化是一种受佛教文化影响的"原谅与忘却"的文化。

同学们以简明严肃的术语来说明水污染的问题，正如以下说明所示：

人类所能获取的三分之一的清洁水源是不适合饮用的。江河湖海存在着大量的水污染，含砷或者含铅的重金属在水中大量存在。东北地区经常出现大旱。每年超过 10 万例的住院治疗是由水传播的疾病所引发的。只有 29% 的人口能够获得足量的过滤水。

同学们的建议旨在"为这个地区的 7000 名居民提供可靠的储存、过滤以及分配饮用水的基础设施，并告知民众清洁水源的重要性以及如何存取"。他们的这项干预举措是为泰国彭世洛府（Phitsanulok）一个名叫老光村的地方所设计的，需耗资 150 万美元。该举措的陈述包括一份详细的预算，以及在水资源获取与经济增长方面可以预期的影响。短期内，他们希望通过增加原材料需求来降低地方失业率并使 GDP 有所提升。从长远来看，他们预测到农业产量以及人类发展的各项指标将有所提升。他们同时还希望周围地区受过教育的人可以致力于改善水资源状况。同学们使用了两个经济模型来阐释他们的预测：

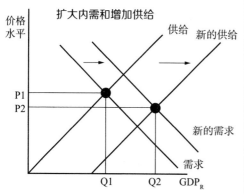

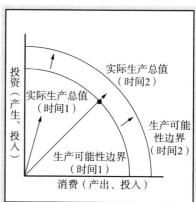

**这一项目是如何体现他们采取行动的能力的？**

*能基于证据与潜在影响评估方案和规划行动。*

这项任务唤起了学生的紧迫感：他们必须鉴别出值得研究的问题。通过对某一地区的详细研究，对发展选择的理解以及对宏观经济学知识的掌握，学生们能够找出解决办法并预测实施情况。他们的办法得到了像国际乐施会（Oxfam）、水源第一（Water First）以及联合国儿童基金会（UNICEF）等水资源行动计划项目的关注与反馈，这些行动计划被认为是该项目的基础与前驱。

这一项目已被证明为同学们带来了长久的积极影响，增强了他们将自己看作是创新者的意识。第二年春天，他们访问了位于华盛顿的世界银行，有机会与专家们分享自己的观点，并询问了世界银行千禧年发展目标以及与发展策略相关的问题。他们的教师对这次参观访问做了如下描述：

对世界银行的参观访问使得同学们获得了他们所学内容的相关信息并且更加专注于投入世界发展领域的学习。他们得到了世界银行相关人员对于促进不同国家发展战略的回答。我的学生对于世界发展的理解以及完成千禧年发展目标路径的想法给世界银行代表留下了深刻印象。同学们纷纷表示访问世界银行是华盛顿之行最具影响的一次经历，因为他们知道了从课堂上所学的技能能够为世界的改变做出贡献。几位同学对我说："我想在念大学期间到世界银行来做实习生。"

能有机会为人类所面临的紧迫难题创建并评估解决方案，对于学生们来说，不仅仅意味着完成一项学校布置的任务，而且促使他们开始将自己看作是世界公民。

### 将想法与发现转化为合适行动所面临的机遇与挑战

来自现实世界的真实体验丰富了学校关注全球重要事件所开展的活动内容。通过这种方式，激发了当代青年人参与这些活动的兴趣。随着他们对公民权利理解的深入，他们有能力带来影响并为进步做出贡献。他们认为自己能够参与世界事件并为此而发声。在学校开展问题与知识的调查研究不仅仅是为了通过即将到来的考试，也不仅仅是为了掌握大学或是今后生活所需的有用知识。通过对全球重要事件采取行动，学生们得到鼓励去克服文化偏见，并把自己看作是当下的公民，而不仅仅是未来的公民。

**请你思考**

1. 考虑一下你行动的中心范围——"家庭""社区""国家""地球"。是否有一些特定的行动可以改善每个领域的状况？

2. 你的学生在创业设计与合作项目设计中的能力如何？他们需要掌握什么才能为上大学、工作和融入世界做好准备？

3. 考虑一下你所教授的内容。是否有特别的话题可以自然地为全球行动创造机会？

# 第七章

## 全球胜任力教学

前面几章审视了全球胜任力四个核心维度，提供了在正式教育与非正式教育环境中的学生案例，有来自美国西雅图城市教室里的例子，也有来自印度班加罗尔贫民学习中心的案例。在多样化的情景与学科内容中有一点相似之处，那就是能教导学生具备全球胜任力的教师，都擅长鼓励和帮助学生理解全球事件并据此采取行动。那么问题在于：有效的全球胜任力教学究竟该如何展开？教师们应该做怎样的教学设计来促进学生获得全球胜任力？这一章将探讨这些问题。

在进行全球胜任力教学设计时，应牢记四个长期存在的教学问题：

1. 什么话题最值得教学？
2. 学生从一个单元、一个项目、一次访问和一门课程中究竟能学到什么？

3. 学生应该做什么才能进行有效学习？

4. 我们怎样知道他们是否取得了进步？

大卫·珀金斯（David Perkins）是一名认知与教学专家，他将这些问题称作"潘多拉问题"：表面上看这些问题很简单，一旦我们尝试去回答则会引发我们进行复杂且有趣的反思。[37] 本章介绍一系列的教学设计原则，以培养学生的全球胜任力。这些原则不会明确告诉教师到底该教什么或者怎么教，相反，当他们在这个"潘多拉问题"上进行思考时，他们需要考虑这些问题，并将注意力集中在全球胜任力上。简而言之，本章建议教师们在开展有质量的全球胜任力教学时，需要：

· 鉴别具有本土与全球意义的有趣话题。

· 关注全球胜任力的结果。

· 设计全球胜任力的表现。

· 实施以全球胜任力为中心的评估。

这些建议是由哈佛零点项目（Harvard Project Zero）根据其开展的学科与跨学科教学实证研究而提出的[38]，同时也是对促进全球教育之相关机构在工作中的教育原则进行反思而提出的［这些机构包括亚洲协会、国际文凭组织、面对历史与我们（Facing History and Ourselves)、国际乐施会等］。[39] 这些原则是作为总体建议而提出的，并邀请读者根据建议进行反思。

以下部分从一个全球胜任力教学的案例开始：一个关于地球科学与

全球气候变化单元的概述。然后借此案例介绍全球胜任力教学框架。本章最后回顾了 21 世纪全球胜任力教学的需求与机遇。

## 全球胜任力教学：丽塔·常的地球科学教室

地球科学真棒！地球科学家们具有好奇心，喜欢发现与探索，并享受发现地球奥秘过程中的种种挑战。你也需要好的想象力，因为你必须想象线索可能在哪里，然后找到线索，并弄清楚这些线索意味着什么。我们通过调查和科学的思考方法，用我们的"已知"来对抗"未知"。有时候我们需要修改我们所谓的"已知"，因为我们并不能认定它是正确的，或者它只是部分正确的，或者我们错过了什么，但是科学的目标始终是在探索更深入的理解……我们的星球是一个动态的、不断变化的地方。我们努力探寻在地球上的工作，以便我们能够更好地理解、欣赏和关爱我们的星球、我们的同胞以及维持生命的行星系统。

丽塔·常在韦斯利高中（Wellesley High School）教九年级的地球科学和行星系统，韦斯利高中是马萨诸塞州的一所公立学校。在这个过程中，学生学会把地球看成是与宇宙中其他物体相互作用的一个物体，同时也把地球看作是一个各种力量相互作用的系统。例如，他们研究地球的水圈，水不断在岩石圈、生物圈以及大气圈里循环。教师希望学生们了解水循环如何工作，以及如何与碳、氧和氮等生物地球化学循环相互作用，以产生地球行星系统的变化。

课程的最后一个单元邀请学生们将他们对地球系统的理解应用到复

在这门课程中，学生们研究在高热带地区的两极和冰川上形成冰原，并推动了墨西哥湾流的力量来源。研究是什么力量提升和降低了海平面以及使水汽进入大气层，迫使地球的气候走向两个极端，有时热得使鳄鱼在格陵兰岛也能生存，而在其他时候，气候又冷到足以使地球进入冰河时代。——丽塔·常

杂的气候变化现象中去。学生了解过去气候变化的原因、现有的证据、今天观察到的变化、变化的驱动力、时间框架、对未来的预测以及那些悬而未决的问题。是什么让地球从一个热房子转变为冰河时代？这种变化发生在什么时间？今天的变化和过去的变化有什么相似之处？我们如何减缓全球变暖？这些是学生在气候变化单元学习中所要研究的问题。

## 全球胜任力教学：原理与实践

教师致力于提供优质的教学，使学生对具有全球意义的问题进行有效的理解并采取行动，同时仔细思考如何确保他们的教学为学生带来深刻的理解。有效教学的质量是什么？本章前面介绍的"潘多拉问题"为如何开展全球胜任力教学提供了一个很好的框架。

### 1. 开展全球胜任力教学时最重要的话题是什么？

*具有本土与全球意义的话题*

简单的答案是，教师应该教具有本土与全球意义的引人入胜的话题。当然这个答案会引出更多的问题。什么才是思考本土与全球相连接的最好方式？或者如何辨别话题的意义？定义学生应该学习的课程或项目的话题是具有挑战性的。当今世界有太多的东西需要学习，时间和资源的

限制使教学内容的确定显得更为重要且更具挑战性。在选择有效话题开展全球胜任力教学时需要考虑如下四个因素：学生的深度参与、明确的本土与全球的联系、清晰的全球意义以及强大的学科和跨学科基础。

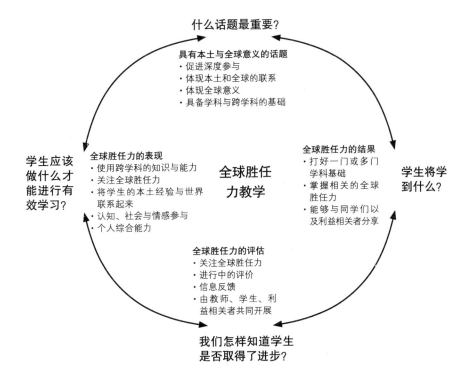

什么话题最重要？

**具有本土与全球意义的话题**
· 促进深度参与
· 体现本土和全球的联系
· 体现全球意义
· 具备学科与跨学科的基础

**全球胜任力的表现**
· 使用跨学科的知识与能力
· 关注全球胜任力
· 将学生的本土经验与世界联系起来
· 认知、社会与情感参与
· 个人综合能力

**全球胜任力教学**

**全球胜任力的结果**
· 打好一门或多门学科基础
· 掌握相关的全球胜任力
· 能够与同学们以及利益相关者分享

学生应该做什么才能进行有效学习？

学生将学到什么？

**全球胜任力的评估**
· 关注全球胜任力
· 进行中的评价
· 信息反馈
· 由教师、学生、利益相关者共同开展

我们怎样知道学生是否取得了进步？

*构建话题激发深度参与*。

与学生自身世界相关的最有影响力的话题才被学生认为是有意义的。理想的情况下，这样的话题同样也能激发教师的兴趣。在考虑一个话题时，教师可能会思考以下几个问题：这个话题如何与学生的生活和兴趣相联系？我自己对这个话题充满激情吗？如果是，为什么？有没有更好的方法来构建这个话题，让它真正吸引到学生？

**用明确的"本土－全球连接"来构建话题。**

在一个问题的本土和全球维度之间会有许多不同的连接。对于人类共同的主题可以让学生探寻与此主题相关的各种文化变量（如语言、母爱、友谊）。其他单元可能会考虑到地方现象的全球性解释（例如，研究为什么在中东发生政治危机时美国的天然气价格会上涨）。还有一些教师可能会专注于一个问题在两个或多个地方影响上的异同点（如气候变化对沿海和非沿海城市的影响）或全球政策对地方问题的影响（如国际协议对环境的保护）。当构建学生探索的话题时，教师可能会提出以下问题：以什么样的方式强调本土和全球都关注的话题？如何深入研究这一话题，才能使学生了解广泛的全球格局及其与本土现实的关系？

**以清晰的全球意义构建话题。**

值得一提的是，优质的全球胜任力教学的话题必须经受意义的考验。为什么一个话题值得学习？话题可以在多个维度上被视为重要：广度、独特性、即时性、后果、紧迫性以及伦理意义。有些话题很重要，因为它们影响了地球上的许多人（如气候变化）。其他话题可能是重要的，因为它们需要紧急的全球解决方案（例如，女童的受教育权、全球健康和安全）或者它们直接影响到学生的生活（如地方社区的移民问题）。明确为什么一个话题重要是高质量教学的基础。

**以强大的学科和跨学科基础来构建话题。**

在构建全球胜任力教学的话题时，最后一个关键的因素是该话题在多大程度上会促进真正的学科或跨学科的探索。学科知识和技能对于解释情景和创建解决方案是非常必需的。（例如，墨西哥和埃塞俄比亚的顶级传统食品是什么？）相反，话题应该表明学生所需要解决的问题及其复杂性。（例如，本土文化如何影响墨西哥和埃塞俄比亚的饮食传统？）一个高质量的话题需要一门以上的学科知识，并要求综合使用多个学科的知识来解决这个问题。

1. 在全球胜任力教学中，什么话题最重要？全球重要话题展现出以下品质：

- 深度参与
- 明确的本土－全球连接
- 清晰的全球意义
- 强大的学科与跨学科基础

**丽塔·常课堂中的本土－全球意义的话题**

在丽塔·常的科学课上，学生将他们对地球系统和行星变化的理解应用到一个具有清晰的全球意义的问题上，即气候变化。学生们探讨了一些问题：太阳和地球系统如何相互作用来驱动地球的气候变化？我们对过去和现在气候变化的自然因素和人为因素知道些什么？我们如何解释全球气候变化的最新证据以及在地球上所观察到的影响？在不同地区，主要的气候相关问题、未知因素和未来机遇是什么？

丽塔·常的气候变化框架展现了一个具有本土和全球意义的引人入胜的话题。该话题吸引了学生，使他们对环境保护、尖端科技以及公众围绕这个问题的辩论产生了浓厚的兴趣。一些学生把这个话题看作是利用科学来获得更大社会效益的机会。该学习单元使学生参与到一个大多数学生认为与他们未来相关的问题中去，部分学生还认为这一问题需要紧迫的解决方案［**深度参与**］。

该单元的开放式问题鼓励学生进行学科探索。化学、物理、地质学和天文学的科学概念将是必要的，解释科学证据的能力以及持有合理的怀疑态度以巩固科学主张也将是必需的［**学科基础**］。此外，该话题鼓励学生将全球物理和化学的变化过程与气候变化的本土影响相联系。例如，学生研究高海拔地区的冰川融化，这影响了如玻利维亚和加利福尼亚等地区夏季的供水，以及可能增强在南太平洋和大西洋飓风的频率和强度。学生在完成该单元的学习时，能够深刻地理解地球作为一个具有局部意义的全球化系统［**本土－全球连接**］。

最后，对气候变化的科学理解使学生意识到改变环境和社会的强大力量。从水资源的可利用量对人口流离失所的影响，到扩大热带疾病的载体，以及极端气候事件造成的生命损失，气候变化的意义难以尽述［**全球意义**］。

在鉴别重要话题时，教师可以回顾一门课程的内容。非常典型的是，教师概述学校或课程标准对于某个年级学生的期望。有效教学的教师会研究这些课程并寻找机会使之具有全球意义。一个历史学习单元可以把美国革命放在世界其他国家同时代发展的背景下，揭示其相互影响。一个有关栖息地的学习单元可以邀请学生比较当地池塘微妙的生命平衡与世界其他栖息地的情况。通过将全球化的维度融入他们的课程中，教师可以很快丰富学生对世界和本土现实的理解。

**2. 学生将从一个单元、一个项目、一次访问或一门课程中得到什么？**

*学科中的全球胜任力目标*

经验丰富的教师都认识到，确立明确和易于管理的学习目标才能更好地促进学生的深度理解。这些目标突出了学生学习的最重要的概念、技能和过程，为学习创造了方向。学习目标还明确了对哪些进展情况进行评估的标准。明确什么是学生从一个学习单元或项目中需要学到的，并使教师有效利用时间来促进学生深入学习。

在高质量的全球教育中，有效学习目标的重点应聚焦于学生利用知识和技能来解释现象、开展工艺产品设计、找到解决方案、提出新的问题及追求创新的能力。全球胜任力的学习目标应集中在探索世界、分辨视角、沟通思想和采取行动四个方面。当制定学习目标时，教师可能会提出以下问题：哪些最重要的学科知识（如概念、事实、理论）和技能（如方法、工具、技术），将使我的学生理解正在研究的话题？什么样的全球胜任力对于探讨这一话题最重要？我怎样才能使学生明确这个项目的学习目标？正如以上这些问题所展现的那样，全球胜任力教学中高质量的学习目标应该具有以下要素：他们捕捉到一个或多个学科重要的知识和技能，专注于全球胜任力，并清楚地与他人分享。

**捕捉一个或多个学科重要的知识和技能来制定学习目标。**

全球胜任力教学意味着通常从学习标准中提出课程内容，并用它来研究更广泛的全球性问题。例如，经济学中的一个学习单元可能会帮助学生了解 GDP 及其计算方法，而生物学中的一个单元则可能侧重于光合作用和呼吸以及它们在空气净化中的作用。在开展全球胜任力教学时，教师可以让学生使用 GDP 的概念来比较中国和美国的经济增长，其他的学生可以利用他们对碳循环的知识来解释森林在减缓全球变暖中的作用。

很多时候，培养学生具有全球胜任力的思想或技

> 以全球胜任力为中心的学习目标的例子：
>
> 学生将理解美国和法国大革命对于两个或两个以上大洲的殖民地的意义 [ **历史，探索世界** ]。
>
> 学生将了解海平面上升如何对不同的沿海地区产生不同影响 [ **地理，分辨视角** ]。
>
> 学生将能够使用新的数字媒体来教他们的同龄人如何在肯尼亚和印度建立一个有机花园 [ **生物学，沟通思想** ]。
>
> 学生将了解冲突解决的本质以及如何启动一个筹款活动来支持波哥大城市和自己所在城市的青年计划 [ **解决冲突，采取行动** ]。

能并非恰好与一门传统的学科相契合。例如，解决冲突的方式、文化多样性、相互依存、安全和社会正义这些话题都不局限于一门学科。这些话题的结构需要通过多学科探讨，并在学生对具有本土与全球意义的事件进行实质性理解上发挥重要作用。

**专注于相关全球胜任力制定学习目标。**

丰富的话题是通过对特定的全球胜任力的能力进行探索而来的。例如，在肯尼亚蒙巴萨岛的 HIV / 艾滋病项目可能会要求学生具备探索世界和分辨视角的能力，而数字化故事叙述的项目可能主要要求学生学习与不同群体沟通自己的思想。一个教当地孩子了解前哥伦布文化的乡村项目可以激励学生采取行动。在制定学习目标时，教师可能想反映一个给定的学习单元中全球胜任力的哪些方面更为重要，并重新审视"附

录"中所包含的全球胜任力。

**学生明确地分享学习目标。**

高质量的教学设计使全球胜任力明显地处于教师和学生所关注的单元、项目或课程的中心。教师在每个单元只陈述几个关键目标，且明确地与学生共享这些目标。主要的学习目标会张贴在教室的墙上，用于学生的作业布置和课堂反思。学习目标同时也会分享给家长、学校社区的成员和其他利益相关者，以支持学生的发展。

> 2.学生将从一个学习单元中得到什么？学科中的全球胜任力目标表现出以下特质：
> - 掌握一个或多个学科中的重要知识和技能
> - 关注相关的全球胜任力
> - 明确地与学生分享

**丽塔·常课堂中的学习目标**

以科学探究为重点，丽塔·常的课程邀请学生学习帮助人类理解行星的科学家们的工作。学生学习生物学、化学和物理学如何在地球科学中进行整合，同时进一步在课程学习中养成科学推理的习惯。例如在整个一年中，学生已经习惯于通过观看视频采访、与来访科学家在课堂中开展互动、直接接触科学家，以及阅读刊登在《科学美国人》（*Scientific American*）、《国家地理》（*National Geographic*）、《科学新闻》（*Science News*）、《天文杂志》（*Astronomy Magazine*）和其他出版物上的科学家的著述，来探寻及学习科学家们观察到的科学现象。丽塔·常将学生的学习目标概括如下：

1. 地球的生态系统是如何影响气候的。

关键概念：岩石圈、生物圈、水圈、大气化学、水和碳循环，表面处理（如风化），天体引力（太阳、轨道和流星的影响）。

2. 科学家如何收集和解释过去和现在行星温度不断变化的证据，以及他们可以得出什么结论。

主要观点：在生物学、化学、物理学、古气候学以及科学方法和实验等领域的数据，以及来自一些地点（特别是极地、高海拔和沿海地区）的现有数据。

3. 如何评估和推进减缓气候变化的解决方案和政策。

主要观点：考虑替代能源的影响，包括核能、绿色技术、环境建筑碳封存、埋在超镁铁质岩石的碳、创造燃料的微生物等。

这些学习目标体现了全球胜任力教学的质量，它非常重视科学地了解地球的气候变化，同时考虑到概念和调查方式。该学习单元旨在鼓励学生以科学的方式研究行星及其区域变化以及它们与人类的关系，以此来培养学生的全球胜任力。学生的学习目标从课程开始时就进行讨论，学生应对自己的学习负责。丽塔·常的教学目标同时符合国家标准、学校期望以及高质量全球胜任力教学的标准。

### 3. 学生将会做什么?

*全球理解的表现*

教师在高质量的全球胜任力教学中设计学习体验，以鼓励学生从一个或多个学科的视角进行思考并应用概念、方法和工具去理解具有全球意义的问题。[40] 本章提出的学习体验被称为全球胜任力的表现，是因为它们能使学生即刻展示自己理解的具有全球意义的事项并采取行动。

全球胜任力的表现并不需要最后的展演，就像人们在剧院或展会上看到的表演那样。相反，这里对全球胜任力表现的定义，涉及学生运用知识和技能对全球性问题进行审查并采取行动。这样的表现可以发生在一个学习单元的开始、中间或结束部分，可以是开展思考的实验，设计辩论或发表评论，也可以是比较数据或创造艺术作品。总之，全球理解的表现提升了学生的全球胜任力并对其予以展示，以期得到进一步的指导。全球胜任力的教学要求教师从事创造性工作，设计出使学生能够展现其全球胜任力的任务。精心设计的表现展示出以下五种能力：运用知识和技能应对跨学科的新情况；在单元或项目中有针对性地突出全球胜任力；将学生的本土经验与世界相联系；使学生在认知、社交和情感上参与并体验；促进学生个人综合能力的形成。

**在新情况下运用跨学科的知识和技能。**

学生可以从讲座、书籍、视频、网站和其他渠道获得知识。但是，如果没有机会在教师的指导下将这些知识应用于日益严峻的挑战中，既不利于促进学生对世界的深刻理解，也难以培养他们的全球胜任力。拥有关于世界的信息是必要的，但这还不足以满足全球胜任力的要求。全球胜任力的表现是组织各种活动，让学生有机会在新情况下运用一个或多个学科中的概念、方法和理念。这些活动可能包括确定一个地区文学风格的关键特质，为外包的原因和结果绘制图表，在报纸上发表有关私营企业对经济增长之作用的文章，应用关于 HIV / 艾滋病的生物知识开展一项调查，或参与讨论印度班加罗尔和北美国家无家可归者的住房使用数据。这些表现的共同之处是，如果不能整合一个或多个学科的知识，学生是不能成功完成任务的。

### 专注于有针对性的全球胜任力。

高质量的教学设计显示出学生在一个学习单元所期望发展的全球胜任力与促进这些素养发展的表现之间的清晰连接。由于时间和资源往往是有限的，因此教育工作者权衡各种表现的可能性以有针对性地提高学生的全球胜任力是至关重要的。学生参与一项活动，无论有多积极，如果没有与期望达到的全球胜任力相关联，他们是不太可能达到预期目标的。

考虑一下下面的例子：英语和西班牙语教师正在设计一个单元，以帮助学生了解文化和个人经验可能对某些拉丁美洲作家的作品产生的影响。教师们集思广益，明确什么样的全球胜任力表现可以鼓励学生认识到"全球视角"这一单元学习的关键能力。教师必须评估两种可能的任务：第一是邀请学生撰写短文，比较不同的拉美作家的影响以及对各自文学风格的潜在影响；第二则是让学生组织拉美诗歌班，就像他们在前几年做得很成功的那次一样。教师在综合考虑后选择了第一种任务，因为它能更好地与全球胜任力的教学目标相吻合，即帮助学生了解文化是如何影响塑造拉丁美洲部分诗人的文学作品的。

**将学生的本土经验与世界相联系。**

培养全球胜任力的有效学习单元或项目，往往始于学生所处的位置。最初的活动通过鼓励学生提出自己的问题、表达自己的利益诉求及检查他们自己的价值观，来挖掘学生的已有知识并通过学习来确定他们对于具有全球意义之事件的假设和想法。例如，一个关于全球交流的学前教育单元开始于邀请学生们集思广益，给他们在华盛顿州的朋友们发一封信。又如一所高中关于"外包"主题的学习单元，开始于让学生思考他们所拥有的物品（T恤、鞋子、背包、电子产品、盘子等）是在哪里生产的。学生从自己的个人兴趣、经验和背景出发，能够看到全球问题与自己生活的相关性。在这一过程中，学生开始了解本土经验与发生在世界其他地方的事件是如何相互影响的。成功的教学使学生对周围的本土–全球联系变得敏感和好奇。

**使学生在认知、社交和情感上参与并体验。**

有效的全球胜任力表现鼓励学生参与有认知要求的任务，将学科建构应用于处理新情况，参与诸如开展探究和解释观点的活动。同样，全球理解的成功表现往往需要社会互动，或许是要求工作团队打造一个产品，通过面对面的访谈寻找信息，与不同生活背景的同行交换意见，进行辩论，争取别人的帮助和支持，并参与社区服务项目等。此外，社交与认知参与——参与具有全球意义和学生日常生活组成部分的事件——也会产生情感参与。面对全球性的问题，学生感受到的兴奋、喜悦、同情、恐惧、悲伤、愤怒的情绪，最终都将影响到他们的学习。

例如，学生学习诸如气候变化、极端贫困和疾病流行等复杂话题时，会感到痛苦或绝望，这种情况并不少见。这些问题的严重性可能使他们感到无能为力。但伴随这种感觉的往往是采取行动的信念。经验丰富的全球胜任力教师会针对学生的无能为力感、愤怒或恐惧的情绪，开展建设性的工作。例如，他们可能邀请学生表达他们对这个问题的看法并提出解决方案，以提高学生对该问题的认识，或者帮助其改变现有条件。这些活动提升了学生的全球胜任力，鼓励学生认识到自己对于世界问题的积极作用。[41]

### 促进学生个人综合能力的形成。

高质量的学习设计往往包括促进学生个人综合能力形成的学习活动。全球胜任力的表现可能还包括在文章中阐明个人立场或准备最终的研究报告。也许教师会要求学生重新审视他们在单元学习开始时写的日记条目，并明确思想和方向上的转变。如前所述，学生们经常有机会通过创造产品，解决问题，或将活动、演讲、视频、行动项目结合起来以改善条件来促进个人综合能力的形成。在关于全球理解的高质量的最终学习表现中，学生的项目将直接反映他们所学到的知识。

3. 学生将会做什么？学生参与全球胜任力的各类活动能够：

· 在新情况下运用学科和跨学科的知识和技能

· 在一个单元里专注于有针对性的全球胜任力

· 将学生的本土经验与世界相联系

· 使学生在认知、社交和情感上参与并体验

· 促进学生个人综合能力的形成

## 丽塔·常地球科学课堂中的全球胜任力表现

在丽塔·常的课堂中，学生使用从各个学科获得的知识，参与对来自世界各地的气候数据的日益独立的小规模调查。本单元的表现主要侧重于学生在当地环境之外的探索。

### 调查气候变化。

从单元一开始，学生们开始检查世界多个地区气候变化的状况。材料包括科学家关于格陵兰岛冰层变化的视频，以及非洲和南美洲地区冰芯的证据。学生将这些和更多事件作为一类进行讨论，推测所学的地球系统动力学是如何参与其中的，并围绕冰层变化可能给当地人造成的后果进行头脑风暴。在全球范围内监测地球科学的相关事件，是丽塔·常课堂中的标准实践。从今年开始，学生们每周都在跟踪科学报告网站——关于冰岛的火山爆发、南太平洋的气旋警报、新西兰皮肤癌发病率的增加、暴发疟疾和西尼罗河病毒等等，这些在下图中得以显现：

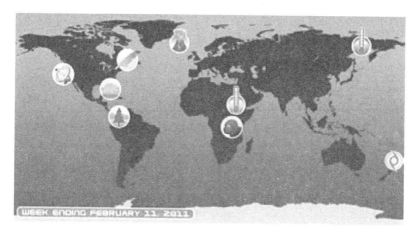

地球周——行星日记
www.earthweek.com

　　课程的中心目标是学生学会科学地探寻行星变化，这在本单元里尤为如此。为了了解我们如何掌握过去和现在气候变化的知识，学生使用目前关于海冰融化的数据来考查古气候学家的工作。在本单元即将结束时，地球科学荣誉班的学生进行了一次独立的调查项目，即调查本土－全球的行星变化。他们必须制定一个值得研究的问题，说明其意义，并确定要使用何种数据库进行分析。问题的类型包括以下内容：世界各地的降水模式是否发生了变化（选择三个地点）？美国北部的春天到得更早了吗？飓风的频率和强度发生变化了吗？学生必须提出他们的假设并解释他们的选择，以分析来自世界特定地区的特定数据集。在他们的论文中，学生必须描述和证明他们的思路，清晰地呈现他们的数据和分析，包括值得反思的结论和大量可靠的参考书目。

　　**采取行动。**

　　仅仅教九年级学生关于地球系统或气候变化的原因和后果

是不够的，这些孩子想做些什么来保持地球的平衡——他们想

参与进来。

——丽塔

随着该单元的展开，学生们往往希望参与缓解和适应气候变化。为了满足这一要求，单元结束时对气候解决方案进行了研究，使学生了解能源的消费和生产，评估各种方案的优劣——替代能源、核电、绿色技术、环保型建筑——考虑每个方案对于地球自然系统的影响。

有一年，感兴趣的学生参加了一个视频竞赛，该竞赛旨在提高人们对气候变化特定领域的认识并提出解决方案。学生们制作了 5 ～ 6 分钟的视频，捕捉到了一些关于气候动力学的重要知识，帮助观众了解如何减轻气候的进一步变化。这些视频及其背后的科学，有力地说明了从全球地球科学的角度来研究全球气候变化的重要意义。

这些类型的活动让学生展示了他们正在发展的全球胜任力。本章最后给出了全球胜任力教学的清单，以及全球胜任力每项核心能力的案例清单（见第 107—111 页）。教师可以将这些例子作为出发点，以有助于自己的教学设计。

### 4. 我们如何知道学生们正在进步？

*正在进行的以全球胜任力为中心的评估*

精心设计的学习单元需要包括展现学生在实践中全球胜任力各个方面的表现和学习经历。例如，在丽塔·常的单元里，学生用他们的知识形成假说，整合各种来源以揭示更广泛的真理，使用基于计算机的测量

工具，并用简短的文章报告他们的研究结果。这些活动都明确地使学生表现出全球胜任力，并且发展和展现了他们的能力。在这个意义上，他们为评估提供了真正的机会。教师如何利用这些机会进一步提高学生的全球胜任力？全球胜任力的优质教学采用以下四个方面的评估：聚焦于全球胜任力；是持续进行的；提供了信息反馈；可以由多个利益相关者实施。

### 聚焦于全球胜任力的评估。

教师在评估学生工作时有多个目标，包括评估学生的学习习惯和学习投入以及测量学习的深度与理解度。在多种目标中，评估要求教师将重点放在全球胜任力上。评估学生的全球胜任力包括检查学生如何通过学科和跨学科的知识来研究世界，探讨具有全球意义的话题，分辨视角，沟通思想以及采取行动。这些能力的检验将基于特定学习单元中具有针对性的学习目标而开展。本书"附录"中的 Edsteps 矩阵为教师开发评估全球胜任力的标准提供了有用的资源。

### 评估持续进行。

正如好的体育教练或戏剧导演一样，有经验的教师很少对学生在课程中的最终表现感到惊讶。但随着时间的推移，他们会对学生的学习表现进行正式或非正式的评估。由于发展全球胜任力的要求很高，并且涉及高阶思维，因此对于教师而言要对学生的发展给予长期的指导与支持。所以，高质量的评估在一个学习单元或课程的最初几天就予以开展。当教师邀请学生分享他们对于所探究的全球话题的想法和问题时，实际上就开始了对学生学习方向、假设和可能的误解的评估。

**评估提供信息反馈。**

学生将从信息反馈中受益，以提高自身的全球胜任力。正如经验丰富的教师所知道的那样，要使学生出类拔萃，就不能仅仅对他们的学习质量进行一般的评分。学生必须告知教师自己所做的反思、所写的文章、开展的演示或艺术作品的具体特点，来展示他们的成就和进一步发展的空间。明确的评价标准和指标将帮助教师和学生反思他们的工作，以及将全球胜任力铭记于心并开展进一步的学习。

**评估可以由多个利益相关者实施。**

学生受益于自我评估，同时也受益于由各个利益相关者（包括学习伙伴、相关学科的教师、社区成员、全球行动参与者以及现场专家等）对其学习所开展的评估。显然，教师对评估学生的学习和提供指导负有首要责任。但在很多时候，使用既定标准开展的伙伴评估也可能最先发生，从而使学生养成反思自己学习的习惯。当社区成员或专家同样受邀对学生的陈述、视频制作或毕业作品集提供反馈时，他们可以加深学生对学习的真实性感受——学生所参与活动的意义远远超出了成绩、考试和课堂。

4. 我们如何知道学生正在进步？以全球胜任力为中心的评估要做到：

- 聚焦于全球胜任力的评估
- 评估持续进行
- 评估提供信息反馈
- 评估可以由多个利益相关者实施

## 评估丽塔·常地球科学课堂中的学生进展

丽塔·常的评价标准始终与她的教学目标相一致，以帮助学生了解地球是一个动态的和不断变化的系统，领略科学探究的力量，参与到关爱地球的行动中，并培养强烈的全球环境管理意识。丽塔·常的单元学习材料的三个摘录展示了她是如何指导和支持学生学习的。

### 任务描述中的明确期望。

丽塔·常的独立研究任务描述，指出了报告每个部分的预期内容和质量。例如，学生研究报告的摘录说明，突出了期望和标准是如何帮助学生对所选主题进行科学探究的〔**专注于全球胜任力**〕，邀请学生根据这样的期望对自己的学习成效进行监测〔**评估由多个利益相关者予以实施**〕：

题目：陈述具体问题——这个问题的题目是 IRP。

这是一个问题吗？它陈述清楚了吗？它与我们努力去理解的地球上本土和全球的变化有关吗？有独立或者非独立的变量吗？

背景：审查与问题相关的最新文献。

这是一份 3 页的原创论文，每个学生一份，单独评分。

构成特定问题的大科学（Big Picture Science）背景是什么？研究是最新的吗？它与你问题的位置和关注点有关吗？你找到了自己的资料吗？文本中引用的有效来源是否使用脚注，或者列出引用的书目？在文章中正确引用你的资料，或者使用脚注，或者用 1、2、3 等。

假设：一个好段落。

这个实验的假设是什么？预测结果如何？请不要在你做实验后重写这个。（科学家希望在这一过程中出错，这正是他们接近正确方法的必经之路。）变量之间的关系、相关性，以及相互依赖是基于我们的已有知识吗？

记住，图表反映的是变量之间的关系，所以预测你期望找到什么。（"小""很多""一点""巨大的"——这些都不是科学术语。）根据你已经知道的，进行量化描述。考虑比较：什么是改变？考虑逻辑：你的假设是如何从你的背景文件/研究中得出的？考虑清楚：你的假设是简单明了的吗？

**特别注意学习挑战。**

作为一名经验丰富的教师，丽塔·常注意到她在教学单元中提出的特殊学习挑战。听取学生们为他们的最终项目讨论潜在的研究课题，证实了她前几周的观察［**进行持续评估**］。此外，为了尽早对学生的学习过程提供支持，她进行了任务描述以支持学生独立开展工作［**信息反馈**］。

独立调查项目

探究是科学的智慧表现。探究就是像科学家一样思考。它是好奇，问为什么，并寻找答案。地球调查包括解释我们选择以地球系统为背景的本土问题。

谁问的这个问题？你问的。

大多数时候，关键问题都是"给予"你的。（鸟类是从恐龙进化而来的吗？二氧化碳水平如何随时间而变化？大气中水汽含量与降雨量之间的关系是什么？）现在你可以追求自己的关键问题了。

提出好的问题是科学中最难的挑战之一。你可能花数周的时间以试图提出一个好的问题——一个可以通过实验来回答的问题。科学家经常致力于寻找特定问题的答案，从而为回答那些不会被人放弃的大问题铺平道路。

你的问题需要足够具体，以使你可以进行测量。你要测量什么？在什么位置，你会用多少时间来检测你的假设？这些测量将是你的数据。因为你需要确保你所收集的数据的准确性，你需要分析、解释，并将结果传达给他人，以确保你的问题是可管理的。一个好的研究问题，抓住了你选择的研究问题的核心，抓住了基于所得到的数据开展研究的关键地点和时间。

　　你的问题是什么？当我们进行学习小组评审时，准备几张草稿纸，征求反馈意见并准备好讨论你的问题。

**通过持续反馈来明确学习目标。**

　　通过审查学生报告的草稿部分，丽塔·常能够理解项目对学生的特殊要求。在早期的草稿中提供特定的反馈，使她能够纠正错误的观念，并帮助学生制作高质量的作品。以下是丽塔·常对学生的海冰融化问题的反馈：

　　这个项目的目的是要回答这样一个问题：海冰的范围是否发生了变化，是否受到空气温度变化的影响？因为这个实验发生的时间（1978—2006）似乎与全球变暖这一话题在某种程度上有着重要的相关性。这个项目与更大的问题有关，"这种融化是如何影响我的？"这项研究对所有人都很重要，因为如果两极的海冰全部消失，海平面就会上升，并侵占我们所居住的土地。在与大海接壤的国家中，很大一部分人生活在沿海，海平面上升会侵犯他们所居住的小规模陆地。网站 http://forces.si.edu/arctic/02_02_00.html 告诉我们：85%—90% 来自太阳的能量会被冰层反射进太空。没有冰层覆盖，80%—90% 的太阳能量会被吸收到地球上，从而使地球变热，导致更多的冰融化。北极理事会（Arctic Council）和国际北极科学委员会（International Arctic Science Committee）所做的联合报道《北极变暖的影响》（下载报告全文，请点击此链接：http://amap.no/acia/）告诉我们，海冰减少所产生的影响会延伸到地球的其他圈层，例如林木线（指树木生长的上限）会上升，进一步扭曲地球系统的微妙平衡。

## 标准和责任

丽塔·常在科学学习中使用州级标准，以确保她的学生在本单元遇到的科学概念、技能和态度符合学校所在的马萨诸塞州的要求。她不单单教授规定的具体概念和技能，还确定了一个具有全球意义的话题——地球系统中的气候不稳定问题，这有助于学生达到州级标准，同时支持她的全球胜任力的教学目标。

I. 内容标准

1.8 综合阅读，解释和分析地面观测、卫星数据和计算机模型，以展示地球各个系统及其相互连接。

II. 科学探究技能标准

sls1. 开展观察，提出问题，并形成假设

sls2. 设计和进行科学调查

sls3. 分析和解释科学调查的结果

sls4. 沟通和应用科学调查的结果

III. 数学技能

创建、使用表格及图表来解释数据集

开展基本的统计过程来分析中心数据和数据的扩展

准确且精密地测量

单元内转换

使用共同的前缀

使用比和比例来解决问题

解决简单的代数表达式

在这个单元的结尾，丽塔·常邀请学生反思自己的学习，反思结果让他们意识到探究是重要的，也发现了他们现在所面临的问题。这种反思过程不断揭示出学生越来越有能力在其目前所处环境之外去探究这个世界。对许多人来说，这种理解伴随着一种想要改变的愿望。

## 总　结

并不是所有为培育全球胜任力所做的努力，都需要采取一种深刻的学习单元（就如丽塔·常的探索一样）的形式。教师可以设计一些课程来补充一个单元。例如，在有关法国大革命的一个学习单元里，纽约的一位教师决定针对当代法国民族身份认同的构建举办一系列苏格拉底式的问题研讨。使用"面对历史与我们"（前文提到，这是促进全球教育的一家机构）的相关辩论，学生讨论这样一些问题：在当今作为一名法国人意味着什么？在今天的法国，法国大革命的理想在哪些方面仍然存在，它们面临着怎样的挑战？作为一名法国人是事关法律、个人身份、团体身份，还是与生俱来的权力？针对这些问题，学生从问题的首要来源、移民的历史记录、政策声明和民意调查，对问题进行了一系列的自我监督与审议。苏格拉底式的问题研讨仅持续了几天，但却让学生以当代的全球视角重温了法国大革命。

教师可以选择有深度的学习单元来开展选择性课程。他们可能倾向于把一种给定的全球胜任力引入一门课程，并在整个课程结束时重新审视它，或者在一个全球性问题上加入一个小项目。无论范围或学科如何，教师都受益于以上这些深思熟虑的规划设计。高质量的教学设计从来不是一个线性过程。最佳的教学设计应当是一个螺旋过程，一个包括头脑风暴、设计教学、获得反馈、重新设计、在实践中测试想法、反思并重新设计的过程。在这个过程中，教师们得到了专业学习小组的支持，并与后者分享自己的新计划。

**请你思考**

1. 本章提出了一系列设计全球胜任力教学的原则，反映出这些想法：

（a）反映你典型的教学方法

（b）丰富你典型的教学方法

（c）你在这个时候感到困惑

2. 想想丽塔·常的单元例子，考虑以下几点：她的教学单元的什么特质吸引你的注意力？为什么？在全球胜任力教学中，教师面临着哪些障碍？什么样的策略使他们能够克服这些挑战？

3. 考虑你的学生所进行的一些活动。他们目前在哪些方面表现出"全球胜任力"？他们在哪些方面可以具备"全球胜任力"？

# 全球胜任力教学清单

| 检查是否适用 | 标　准 | 评　论 |
|---|---|---|
| 在本单元 / 本项目 / 本次参观 / 本节课中，我是否选择了具有本土或全球意义的话题? | | |
| 该话题是否促进了深度参与? | | |
| 该话题是否体现了本土或全球意义? | | |
| 该话题是否体现了全球意义? | | |
| 该话题是否具备了学科或者跨学科的基础? | | |
| 我是否设计了基于学科的学习成果，并聚焦于全球胜任力? | | |
| 学习目标是否抓住了一门或多门学科的重要知识和技能? | | |
| 所学的学习成果是否体现了相关的全球胜任力? | | |
| 学习目标是否与学生和利益相关者分享? | | |
| 在本单元 / 本项目 / 本次参观 / 本节课中，我是否设计了全球胜任力的表现? | | |
| 我的全球胜任力的表现是否包括了使用学科或跨学科的知识和技能? | | |
| 我所设计的表现是否聚焦于有针对性的全球胜任力? | | |
| 我所设计的表现是否连接了本土与全球? | | |
| 我所设计的表现是否促进了学生的认知、社交以及情感的发展? | | |
| 我所设计的表现是否促进了个人综合能力的形成? | | |
| 在本单元 / 本项目 / 本次参观 / 本节课中，我是否设计了以全球胜任力为中心的评估? | | |
| 我的评估是否聚焦于全球胜任力? | | |
| 我如何持续地评估学生的学习? | | |
| 我的评估如何反馈给学生? | | |
| 除了我之外，还有谁对学生的学习进行评估与反馈? | | |

## 全球胜任力表现的案例：探索世界

| 在新形势下运用学科知识和思维模式 | 聚焦于有针对性的全球胜任力（探索世界） | 将学生的经验与世界相连接 | 促进学生认知、社交和情感发展 |
|---|---|---|---|

- 在班级里，全班对研究的全球主题开展头脑风暴式的提问，并对问题进行排序，对概念、问题和学科进行鉴别。
- 将在课堂中使用的方法（比如文学分析法）运用于新的世界问题中（比如俄罗斯和中国诗歌）。
- 解释一个给定的学科理论、发现或方法是如何被世界各地的人们知晓的。
- 收集和综合数据，用以比较多个地点的同一种现象。
- 写一份描述所经历挑战的反思，以及为解释外国资源而制定的策略。
- 研究专家对所研究问题的调查和评论。
- 观察本土情况下正在研究的主题（如能源危机、移民等），以凸显出现的问题。
- 确定地方社区或家庭成员谁可能更好地提供有关正在研究的全球问题的信息。
- 创建一个关于你所在社区和另一个社区调查主题的比较图。
- 创建一个波纹图，说明所调查的主题如何将影响扩大至你所在社区之外的范围。
- 为你的研究团队制定团队协作规则，并制定监控小组协作的策略。
- 收集一系列与研究主题相关的图片并分享可能出现的问题、反应及你的感觉。
- 讨论你的研究发现对你、你所在的群体和其他受影响的人的更广泛影响。
- 与其他城市或地区的同事合作，共同探讨一个彼此都感兴趣的话题。

# 全球胜任力表现的案例：分辨视角

| 在新形势下运用学科知识和思维模式 | 聚焦于有针对性的全球胜任力（分辨视角） | 将学生的经验与世界相连接 | 促进学生认知、社交和情感发展 |
|---|---|---|---|

- 考虑同样的历史事件在不同国家受到影响时会有怎样的表现，并讨论可能出现这种历史再现的动因。
- 采访对研究主题具有丰富经验或知识渊博的个人，请他们描述并告知你他们各自的观点。
- 专注于正在研究的主题，并站在不同利益相关者或学科专家的角度，考虑你将提出的问题。使用思维程序（例如，从 × 的角度，我注意到这个话题，我想知道……）。
- 在班级里，绘制特定对象的个体生命图。比较班级所做的各类图，以提取观点相似或相异的不同维度（例如距离、重点、兴趣、技能）。检查这种思想如何适用于你正在研究的问题。
- 创建一幅自画像（数字、视觉、叙事），展示你认为 / 感觉你是谁，以及别人如何看待你。创建一个与你正在研究的人相似的画像，评价你对他 / 她"了解"的程度。
- 绘制一个图形来描述被研究个体和团体价值观或行为的原因和影响。
- 观察对人性的一组实验（例如，米尔格拉实验；棕眼睛、蓝眼睛实验；强盗洞穴实验）；评估运用科学来解释人类行为的优点。
- 用不同国家或文化中的人物角色来写一篇具有当代意义的期刊文章。
- 跟踪不同新闻网络中关于本土或全球问题的新闻事件，用图表展示报告的异同，并假设对这些不同观点所产生的影响。
- 把自己放在正在阅读的书中的角色里，写一篇日记，对小说里的重大事件做出回应。
- 使用数字通信，了解在不同的社区或国家与你同龄的人将如何回应类似事件或历史事件，并提出回应的共性和差异的原因。
- 从文本内部和外部为一个既定的丰富文本提供证据，开展批判性阅读并解释你的观点。

## 全球胜任力表现的案例：沟通思想

| 在新形势下运用学科知识和思维模式 | 聚焦于有针对性的全球胜任力（沟通思想） | 将学生的经验与世界相连接 | 促进学生认知、社交和情感发展 |
|---|---|---|---|

- 准备将你的项目演示文稿展现给不同的观众（例如，一组专家、小学学生、受到你正在讨论的主题影响的个人）。
- 鉴别在电影或小说里那些沟通顺畅或沟通不畅的有趣时刻，并研究这些时刻告诉我们怎样与不同的观众进行沟通。
- 定义一个重要的概念（如民主、全球公民权、文化、生物多样性），并将你的定义与其他在不同时间与地区及具有不同学科背景的人对这些概念的定义进行连接。
- 就各个新机构如何报道你正在研究和关心的主题撰写一篇反馈论文。
- 参与苏格拉底式的研讨，讨论选题的全球意义。反思语言（言语、非语言、数字）促进或阻碍深层思维的方式。
- 写一篇文章或制作一个多媒体手工艺品，来表达你对正在研究的主题的立场，并邀请不同背景的同龄人表达对你的立场的看法。根据不同的信息修改你的文章。
- 持续开展班级记录，记录不同的单词、短语、非语言线索和手势如何帮助增强我们的好奇心和加深我们对全球事务的理解，并促进我们参与全球事务。
- 在您的首选社交网站上创建一个兴趣小组讨论正在研究的主题。
- 调查通信技术的使用对美国和其他国家已经产生的影响，并评估这些影响所带来的利弊。
- 与你的同事合作，为你学校的外国学生创建一份地方习俗、文化和规范的指南，并为学生编制一本指南用以解释如何更好地与外国学生沟通。
- 使用常用的通讯方式记录一个本地的或全球的事件（例如，照片拼贴、散文、幻灯片放映、诗歌等）。
- 设计一次与文化敏感性有关的调查，来了解不同人群如何看待你的研究主题的影响。
- 写一篇评判性文章来表达你对你正在研究主题的看法，想象一下你的评判在哪些场景下会产生作用或者不会产生作用。
- 对你学校的英语阅读清单做出回应，你认为怎样的阅读结构对你和你的同事更为有益，并对此做出有说服力的陈述。

# 全球胜任力表现的案例：采取行动

| 在新形势下运用学科知识和思维方式 | 聚焦于有针对性的全球胜任力（采取行动） | 将学生的经验与世界相连接 | 促进学生认知、社交和情感发展 |
|---|---|---|---|

- 创建一份图表，比较和对比一系列现有的举措，以解决你正在研究的问题，并对一个成功解决方案的质量得出你的结论。
- 运用学科知识来解释为什么你想开展的创业项目值得投资。
- 反思，并为自己定义术语的含义，如什么是全球公民权、全球创业、社会创业、成功、失败和工作等。
- 运用各种艺术剧目、形式和媒体思考一个你已经调查过的问题或话题。
- 创建一个统计模型，对可能需要采取行动的一个问题（如不同家庭的能源消耗）的调查结果进行汇编。
- 调查一位代理人的个人介绍，并开发一个网站或举办一场展览来展示并感谢他或她所做的贡献。
- 写一封有说服力的私人信件，邀请捐助者为有价值的事业做出贡献。想象一下，你写这封信 20 年后，对于新企业或社会倡议的发展所做的贡献的记录。
- 在你的学校计划和实施一个项目，这将有助于改善条件（如减少其碳足迹），考虑对其影响开展基于证据的评价。
- 编制一本多语种的小册子，鼓励和引导年轻人在他们的社区对其热衷的问题参与全球行动。
- 阅读描述关于个人成功和负责任行为产生冲突的道德困境的材料，并评估参与者的选择。在你所在的班级，与你的同伴就全球进口问题的道德行为和社会责任行为的要求进行研讨（例如，一个新的商业倡议、隐私和数字媒体）。
- 创建一个图形来显示你在此时此地的行动如何对你的家人和邻里产生影响，以及关于你正在研究的话题的影响。
- 与你的同龄人一起制定标准，来评估你对正在研究之问题所提出的解决方案。确保你的标准涉及你所学习的一个或多个相关学科。

# 第八章

# 开展全球胜任力教学：学校能够做什么

前面的章节已经表明，培养具有全球胜任力的学生需要精心设计课程，实施教学，并进行实践评估。当学生获得多样化课程和课外学习机会以对具有全球意义的重大问题进行思考和行动时，他们会获益良多。学校可以做些什么来创造这样的国际化环境呢？

显然，学校开始努力在不同的起点上变得更加国际化。对全球胜任力培养感兴趣的学校可能已经给学生提供了国际教育的机会：一门精心设计的世界历史课程、一个成功模拟联合国的课外项目、一项旨在挖掘当地社区移民家庭文化多样性的计划。像这样的个案可能是学校变化的切入点。本章提供了一种思考学校为促进全球胜任力能做些什么的广泛框架，提供了多种方式以让教师们有选择地追求变革或改造学校结构来提升全球胜任力。虽然该框架主要来自美国的学校[42]，但其课程可以适应和进一步反映世界各地的学校变革创新。

自 2003 年以来，亚洲协会国际研究学校网络（International Studies Schools Network, ISSN）开发了一个综合的学校设计框架，作为创建学校的蓝图，系统培养学生对具有全球意义的事件进行思考和行动的兴趣。本章的安排依据该设计框架的五个关键领域：

- 愿景、使命和学校文化：在学校内部提升全球胜任力的期望、态度、传统和价值观。
- 课程、教学和评估：系统——指导创建一种聚焦国际、基于问题的课程以及有效实施这一课程所必需的相关教学策略和评估。世界语言是聚焦全球事务的一个特别重要的组成部分。
- 为全球学习而组织的关系：机构——提高学生的参与并增强学校教师和学生与学校聚焦的全球使命之间的联系。
- 专业学习共同体：专业发展——尤其在不同地点和文化背景下聚焦国际内容的专业发展。
- 家庭与社区的伙伴关系：方式——学校可以启动和维持学校与家庭的关系以及学校与工商界、大学和社区组织的关系，以支持其学习任务。

## 愿景、使命和学校文化

一所学校的愿景或使命宣言确定了其核心价值观以及对学生的期望，同时也为规划和决策提供了重要指导。因此，向学生和教育工作者发出明确的信号，即学校将培养全球胜任力作为优先事项是一种使命宣言。

例如，丹佛国际问题研究中心（Denver Center for International Studies）的使命是服务6—12年级的学生，其目标无疑是针对学生的："丹佛国际问题研究中心为学生发展多种语言，为学生进入大学做好准备，同时使具有跨文化交际能力的学生积极融入迅速变化中的世界。"

学校的愿景和使命可以促进创建具有全球胜任力的学校文化——全球意义的问题渗透到学校走廊上的海报、食堂饭桌上的讨论以及学生的工作和组织中。[43] 学校致力于培育核心的全球胜任力，如探索世界、分辨视角、沟通思想、采取行动，评估它们的价值并让学生有时间去加以实践。事实上，在全校范围内创建全球胜任力的文化不仅仅包括全球胜任力的教学：它还必须创造一种环境让学生逐渐具备全球胜任力的思维与行动方式，成为一种思维习惯。

建立毕业生档案，描述达到毕业要求的学生必须具备的特定知识、技能和性格特点，这种有效的方式可以将学校的使命转化为对学生明确的期望。它不仅应该列出期望学生如何表现，而且明确了希望他们将来成为什么样的人。毕业生档案的设计是一项实质性的工作，往往涉及教师、学校及社区之间更广泛的合作。学校和学区可能会发现使用现有的毕业生档案是非常有用的。国际研究学校网络的毕业生档案代表了其中的一种方法，列举于此以供大家改编使用。

## 亚洲协会国际研究学校网络（ISSN）简介

## 高中毕业生

ISSN 毕业生为进入大学做好准备。他们能够：

· 通过完成大学预科课程、全球化学习课程，需要在课程中展示大学准备工作，从而获得高中文凭；

· 有研究、理解和发展有关世界文化或国际相关问题新知识的经验；

· 学习如何管理自己的学习，通过识别选项、评估机会并组织教育经验，使他们能够适应全球化的工作与生活；

· 毕业，为高等教育、工作和服务做好了准备。

ISSN 毕业生拥有全球化时代所需的知识。他们理解：

· 数学作为认识世界的普遍途径：用数学符号、语言和惯例来解决复杂、真实的问题并交流他们的理解；

· 关键性的科学概念，从事科学推理，运用科学探究的过程来了解世界，探索解决全球问题的可能方法；

· 自然地理和人为现象如何影响文化发展以及历史和当代世界事件；

· 主要世界事件和文化的历史，利用这种认识来分析和解释当代世界问题；

· 艺术和文学，用它们来认识自然、社会、文化以及表达思想和情感。

ISSN 毕业生拥有在全球环境中取得成功的技能。他们：

· 是"21 世纪的文化人"——精通英语阅读、写作、观看、听说，并且掌握了一种或多种世界语言；

· 通过对没有已知或单一答案的问题进行分析并给出可行的解决方案，来展示创意思维和复杂思维，以及解决问题的技能；

· 使用数字媒体和技术，获取和评估来自世界各地的信息，并开展有效的沟通，整合并创造新的知识；

· 做出健康的决定，增强身体、心理和情感健康。

ISSN 毕业生与世界相连接。他们：

· 有效地与不同文化背景的人开展合作，寻求跨文化团队合作的机会；

· 从多个角度分析和评价全球性问题；

· 理解世界上的人和机构都是相互关联的，理解国际经济、政治、科技、环境、社会系统在不同的国家和地区相互依存与运行是何等的重要；

· 接受全球公民责任，做出道德决策和负责任的选择，为更加公正、和平和可持续的世界发展做出贡献。

在最好的案例场景中，教师和学校社区利用学校的愿景和任务以及毕业生档案等指南，来指导自己的日常工作，并将这些指南作为学校知识与社会环境自我评估的持续性工具，用它们来监测学生的进步。它们被写入学校手册中，不断出现在学校教师、学生、家长和合作伙伴之间的讨论中，也会张贴在学校的通告栏和网站上。此外，学校还建立了一个系统，用以定期评估这些维持与促进全球胜任力文化发展的指南，以确保指南适应不断变化的全球环境。

## 课程、教学和评估

一个学校阐述课程并让学生参与教学和评估的方式，是真正实现全球胜任力培养的主要途径。本节将探讨学校"核心业务"的每一个要素如何促进全球胜任力的培育。

### 课　程

使用一系列方法把全球胜任力的教和学拓展至各类学校。回顾一下几个关键的概念，确定如何将全球关注的要点整合到学校课程中来：

**通过强调全球挑战来吸引学生。**

在学科中，当学生看到它与解决世界重大问题或为改善环境创造新机会相关时，他们就会深深地投身于学科领域之中。例如，在科学课程中，高中生物化学课程所研究的食物能量值可以通过世界饥饿和食物短缺的镜头予以探索。在数学课程中，即使是年幼的孩子也可以开始学习数字和数学表达式是如何帮助人们理解世界的——从人口的规模到事件的排序，这些都有助于阐明历史的轨迹。社会课程中的若干关键概念，如移民和城市化，可以从全球视角加以讨论。而艺术课程则提供了无限的机会，可以对全球问题和创造性的回答进行严格的审视。全球胜任力的教学需要寻找有意义的新方式来重新组织教师已有的课程内容，避免人为的或肤浅的连接。

### 全球化的学习背景。

从全球的角度看课程内容，这为加深理解和磨练批判性推理能力提供了重要机会。如"国外的个人或政府是如何影响美国历史发展或被美国历史发展影响的？"这一问题，可以在美国历史课中邀请学生采取全球化的视角来加以探讨。同样，英语语言艺术课程的内容可以将文学的范围扩大至来自世界各地的作品。

比较分析为识别和权衡各类观点提供了丰富的资源。例如，学生可能会通过分析三个不同国家的政策，特别是通过察看本国的原始文件来研究国际上为缓解气候变化所做出的努力。通过对来自各国报纸和其他来源的国家政策的仔细分辨，可以丰富我们进行分析的资源。

### 连接普遍性的主题。

揭示主题和问题的普遍性是帮助学生理解世界的另一种方法。拓宽学生的文学基础，帮助他们发现普遍的主题，如身份的探索、压迫的影响或个人改变历史进程的力量。正如第三章所讨论的，这在对作者莱萨马·利马笔下的失望、宗教、牺牲和女性等普遍主题的深刻分析中体现得尤为明显。在社会课程中，诸如"宗教为什么是一种普遍现象？"此类的尖锐问题，可以引导学生对世界宗教的信仰、仪式和传统进行引人入胜的分析。以六年级学生学习罗马和印加数字系统为例（这在第三章中也讨论过），可以说明学生发现数学的普遍特征。

### 阐明知识的全球历史。

数学和科学特别适合于证明知识的全球历史根源，以及随着时间的推移知识通过全球相互作用所取得的进展。孩子们可以通过探索美索不达米亚、非洲和美洲古代文明的起源，将数学史和今天所教的历史进行连接。例如，帕斯卡三角形（Pascal's triangle）早在帕斯卡出生之前就被印度和中国的数学家发现了。1000 年前，沿着伊斯兰世界的贸易路线而产生的科学知识和调查方式，是人类思想和发现的重要遗产，而正是这些思想和发现促成了当今普遍的科学探究方法和证据标准。

### 通过国际合作开展学习。

目前的视频会议、社交网络和其他通信技术让学生拥有前所未有的机会，他们可以与世界各地的学生共同调查具有全球意义的问题，以组建全球团队的方式与专家们一起工作。从共享数据库的科学合作，到合作开展艺术工作，教师可以用各种方法来构建学生之间的互动。学生可以通过虚拟连接向全世界的成人进行学习，如广泛地通过大学、学术组织、非营利机构和企业的虚拟连接进行学习。作为一个在任何地方都可行的例子，邀请社区成员进入学校分享跨国起源的日常零售产品，这能为学生提供大开眼界的学习机会。

## 教　学

一种面向全球的课程需要与第七章所描述的教学中的最佳实践相联系。在这样的实践中，教师选择具有全球意义的主题，将教学重点放在选定的概念和技能上，设计丰富的学习体验来作为全球胜任力的表现，并持续开展以全球胜任力为中心的标准评估。丽塔·常所教的地球科学和全球气候变化的例子，说明了核心知识、技能和能力是如何用来解决学生、教师和社会所关注的全球进口问题的。

### 评 估

学校可以做的一个重要方面，就是给学生提供体现全球胜任力机会的评估。目前，各州正在合作开发评估《共同核心州立标准》的新的评估方式。事实上，开展以标准为基础的终结性评估非常重要，它远远超过现有的对全球胜任力关键方面的测试。然而，同样重要的是，学校对学生的学习采用形成性评估和终结性评估，使学生能够展示全球胜任力，特别是评估自己的活动，以促进其更深层次的学习。

亚洲协会的毕业组合系统（Graduation Portfolio System, GPS），是一个通过"基于表现"的评估体系来推进全球胜任力的例子。毕业组合系统为每个学术内容区域以及全球领导能力设计了一系列的绩效结果及相关规则，描述学生作品的特征，展示学生的大学准备和全球胜任力。教师可以以这些绩效结果和指标为出发点，开展表现性评价任务的设计。这一工作需要持续几天或几周，要求学生调查一个全球性问题，并提出一种解决方案，通过应用来自严谨的学科或跨学科的研究知识和技能，来反映学生之间的不同观点。学生的作品随后被记录进毕业组合系统，而学生则从中获得反馈，从而帮助自己清楚地看到哪里需要改进，以符合全球胜任力、各学科的大学准备以及全球领导力的标准要求。

此外，评估工作的过程可以有效地帮助教师提高他们的教学实践。

学生完成的作品与教师所期望的任务有何差异？这项作品对学生知识和技能的差距有哪些启示？这些都是通过仔细检查学生作品而得出的有效问题。因此，毕业组合系统的目的是支持教师设计与改善评估，使学生表现出复杂的、语境化的全球胜任力的技能，同时也促进教师开展持续的教学改进。

### 世界语言

世界语言学习是全球胜任力的核心组成部分。几乎世界上所有学生成绩表现优异的国家，都要求学生尽早开始学习第二语言。然而，根据美国外语教学委员会的数据，只有 30% 的美国中学生修读了外语课程。在一些州，中学外语课程的学生参与率低于 10%。[44]

美国未能获得开设世界语言课程带来的益处，部分源于其没有认识到学习另一种语言有助于学生发展更广泛的学术和专业技能。第二语言的学习是一种让学生从多角度看事情并从不同于自身的全球观点看待问题的最有效方式，这在日益多元化的国家和全球化的世界中是一项关键性技能。研究表明，语言学习之所以如此重要，主要在于学习一种语言的技能可以应用于其他方面的学习中。[45] 因此，学习的目标，是要提升学生对语言的有效学习能力，而不是仅仅掌握一门特定的语言。

编制一个成功的世界语言课程计划，意味着确保语言被视为远远超越学校建设中的一个类别。可持续的语言课程应与其他学科紧密连接，使更广泛的学校社区参与其中，并给学生提供了与其他国家的学生通过电子交流、旅游或留学方式进行交流互动的机会。虽然语法和词汇的掌握已经成为大多数世界语言教学的核心，但世界上最好的语言课程项目仍是那些超越语言能力本身的课程项目，即为发展学生的全球胜任力创建一个更全面的课程框架。例如，修读世界语言的学生应该调查目标语言的文化和社会，学习使用目标语言的人的多样性及其历史。他们应该将目标语言和文化与他们自己的语言和文化进行比较，加深对不同观点的理解以及掌握语言模式和结构的一般原则。学生应与不同的人群沟通，其中包括使用目标语言作为母语的人，并在真实情境中发展自己的语言能力。事实上，与使用目标语言为母语的人进行联系互动，会使学习的体验更为真实。这些个人之间的关联可以成为一种重要的动力，让学生在较长一段时间里继续他们的语言学习。

在年龄较小的时候就开始学习世界语言是最好的方法，可确保学生较快地提升自己的语言水平，在表达上没有明显的口音，而且也不会受到第一语言的干扰。但尽早开始还不够。许多小学阶段的语言浸入式课程目前已发展至初高中阶段，然而中学阶段并没有提供足够的学习世界语言的机会，这会迫使学生停止发展自己的语言能力。此外，许多课程起步虽早，但每周只为学生提供相对较少的学习时间。虽然有这种课程肯定比没有好，但这不太可能是一种促进学生语言能力显著提高的成功机制。学生从低年级开始就需要有大量且连续的指令，以充分发挥其作为世界语言学习者的学习潜力。

除了提供有效的课程项目来逐渐提升学生的语言水平之外，世界语言课程吸引学习者也是至关重要的。世界语言教师需要始终如一地将包括当代文化在内的文化融入到他们的语言教学中，并通过与自己本土文化的比较，使学生觉得世界语言学习颇有意义。同样，世界语言课程项目应该始终在语言学习中利用现代技术，以使学生可以与使用目标语言的其他国家的同龄学生进行联系。与其他以目标语言为母语的人建立联系，会使语言学习体验更为真实且更有意义。学生的这些体验可以促进他们在将来继续其语言学习，并寻求到国外旅行和学习的机会。

在开设一个对学生有吸引力的语言课程中，关键的一点是将包含高阶认知技能的任务纳入到初级阶段。一年级或二年级学习的语法和词汇本质上是简单而有限的，教师可以将语言学习活动融入到更高层次的学习中。例如，教师不仅可以让学生记住语法模式或词汇，也可以要求学生从真实材料中分析和提取这些模式。同样，教师可以通过互动游戏和角色扮演来模拟真实世界的情况，要求学生将本土语言和文化与目标语言及其文化进行比较。

建立学生参与学习的另一种机制，是将其他学科领域的内容融入语言课堂中。例如，与学生的科学或历史课程连接的目标语言的教学课程，是一种使语言更有针对性且更为有趣的好方式。最终的目标应该是，学生有机会发展自己的语言沟通能力，同时也发展了更广泛地学习和思考语言和文化的能力，并将这种能力作为技能应用到现实世界中。

## 为全球学习而组织的关系

教育通过关系而发生。培养学生的全球胜任力同样需要关注学校的社会环境，尤其要考虑到面向现实世界的教育所带来的紧张关系。当学生真正参与探索世界，分辨自己和他人的观点，向不同受众传达想法并采取行动时，他们经常遇到颇具挑战性的想法、令人不安的事实、耐人寻味的意见以及令人兴奋的机会。支持全球胜任力的学校文化能够促进培养信任关系。教育工作者表现出尊重学生的兴趣、世界观和立场，并邀请学生相互分享观点。

寻求建立关系，培养全球胜任力，教师和管理人员可能会提出如下问题：

- 在我们学校，学生与他们的顾问、教师或其他学生在讨论有关全球意义的问题，特别是那些贴近学生生活的问题时，开展的谈话是否会令人感到舒适？
- 是否存在着提供安全空间的有效机制，比如一个咨询项目是否为学生发展他们的学术能力和对全球关注发出个人声音提供了安全的空间？
- 是否有定期的机会让学生遇到不同于他们自己背景的人群，并且能促进学生以宽容和理解的态度对待他们？

学校在多大程度上致力于将对世界文化的了解和欣赏转化为学生跨文化能力的发展尤为重要。在北卡罗来纳州夏洛特国际研究院（Academy for International Studies, AIS）一个非正式的小组焦点讨论中，一名学生用这样的话语表达了个人与全球之间的连接：

> 所以，大多数人在 AIS 中是非常友好和开放的。他们渴望了解不同的文化，对待其他人采取包容的态度，无论后者有着怎样的背景。我确信在 AIS 有各种小组，但是……在有人说别人坏话的时候，我们都会在一起，然后这样说："不，这是 AIS，我们不是这样的。"所以……我想在结束时，我们就像一个大家庭。家庭有着自己的问题，可能对某些事情不能达成一致意见，

但我们都会彼此支持。

这个评论说明，发展全球胜任力不只是一个学术性任务：它是一种珍视世界合作和包容价值的重要行动，也是公民在一个相互关联的世界中存在的重要基础。

## 专业学习共同体

无论教师对学生发展全球胜任力的热情有多高涨，他们都不能教授自己也不懂的东西。教师需要有持续的机会发展自己的全球胜任力，以及促进学生形成全球胜任力的教学能力。在《亚洲协会走向全球：让我们的学生为相互关联的世界做好准备》（*Asia Society's Going Global: Preparing Our Students for an Interconnected World*）（2008）这一报告中，亚洲协会提出了构建一个聚焦全球教师专业学习共同体的有益框架：

- 专业发展活动应体现如何整合有意义的全球内容以及如何融入全球胜任力的发展。事实上，这里所呈现的全球胜任力的特征，呼吁通过严谨的学科和跨学科研究来发展学生深刻理解世界，以及培养其探索世界、分辨视角、开展跨文化交流和采取行动的能力。教师必须培养学生融合知识和技能的能力，以帮助他们了解世界以及世界是如何运行的。

- 用各种方式把其他文化带入学校，这需要符合学生的年龄、教师的兴趣和国际项目的目标。这些文化资源包括基于大学的第六条款中心（Title VI centers）的资源，该中心接受联邦资助并促进对亚洲、非洲、加拿大、东欧、中亚、拉丁美洲、中东、太平洋岛国、俄罗斯、西欧等的研究，同时提供许多会议和工作坊的机会及在线文化资源。

- 教师积极参与和开展活动，把良好的教育方式与丰富的内容结合起来。要考虑的参与活动包括：

  ◇ 国际图书俱乐部

  ◇ 合作课程开发

  ◇ 模拟体验和体验式学习机会

- 开发教师可以在其课堂上使用的丰富资源，从外国书籍、电影和杂志到选定的信息网站，从可以担任顾问的个体到一群可以作为重要朋友的教师等。

- 经常为教师提供开展反思的机会，教师自己反思或与同事一起反思。如上所述，采用既定的标准合作性地查看学生的作品，是一种非常有用的方式，可以让教师开展有针对性的有意义的反思。

- 支持教师的国际旅行，没有任何东西能够代替实际的国际经验来发展教师的全球思维。通过富布赖特奖学金和其他各种项目，可以获得教师旅行的许多资助机会。教师要充分利用国际旅行，重要的是为这样的旅行做好准备，而且还要有一个举行旅行报告的有效过程，让参与的教师表达体验的意义，并且考虑如何有效地将此转化为学生的学习活动。

### 家庭与社区的伙伴关系

致力于培养学生全球胜任力的学校应该认识到，学生家长多样化的文化和语言背景是值得挖掘的宝贵财富。从学生父母那里收集有关的信息并表明这些信息之价值的一个简单方法，就是给每一个家庭发送一份清单，以此来搜集家长的文化背景、语言、兴趣和专业知识。教师可以利用这个数据库并根据家长的生活经验来拓展自己的课程。

企业、大学、博物馆、文化组织，甚至零售商店都是重要的资源，可以用来支持学校的全球使命。尤其是企业，对于培养下一代企业家有着利益上的关注，因为企业家的全球胜任力将转化为全球经济中的竞争优势。他们可以成为学生联系和资源的重要来源，包括财政资源，以支持各种方案和学生全球实习的机会。在社区众多潜在的合作伙伴组织中，世界事务委员会（World Affairs Councils）可以成为特邀演讲者和国际关系的重要资源。学生在确定社区的关键文化和国际资源时发挥着重要作用，组织它们使其作为一个可搜索的数据库，并与自己父母的全球知识和技能相匹配。

## 结　论

本章的核心在于开展全球胜任力的教育意味着创建一种学校文化，而在这种文化中**探索世界**是普遍的做法。在这些环境中，文化、宗教、阶级和区域的视角是得到认可的（**分辨视角**）。在这些环境中，学生不仅调研历史事件或文学作品，也经常非正式地与教师和同龄人互动。反过来，**沟通思想**的多样性不仅发生在西班牙语或法语的课堂中，也发生在学生解决走廊上产生误解的时刻。**采取行动**不仅发生在学生选择如何应对一个遥远的自然灾害的地理课上，同时也发生在他们自我组织以支持所选择事业的过程中。本章的例子表明，创建一种真正全球胜任力的文化涉及仔细考虑如何在每一个环节将学校工作与学校的全球使命相连接。

**请你思考**

1. 你的学校在什么方面已经发展了全球胜任力的文化？在此基础上你将如何继续开展？

2. 你的学校如何创造性地使用《共同核心州立标准》或州级标准来提升英语语言艺术和数学的全球胜任力？关键影响点在哪里？

3. 你的学校如何创建专业学习共同体和其他专业发展机会，以支持教师的全球胜任力教学？

# 第九章

## 通过公共政策促进全球胜任力

当前，许多地方都已采取了各种行动，来确保今天的学生能在 21 世纪的全球经济和公民环境中取得成功。教师和学校创造性地为学生引入各种方法，从不同的角度来分析全球重大问题，并利用国际资源与跨文化合作来形成基于证据的论证和方法。学区、州和联邦政府也开展了促进国际教育和世界语言学习的计划。未来的任务是要做出全新的努力，使全球胜任力成为教育和劳动力发展政策的重要组成部分。如果教育界要培养所有学生而不只是少数人具有全球胜任力，那就有必要在学区、州和国家各个层面采取系统且一致的行动。

许多州可以从相互比较各自的政策与实践中收益颇多。正如成功的企业将世界上最优秀的企业标准作为自己的标杆一样，成功的学校也会从最有成就的国家中寻求最佳全球胜任力的国际标准。国际学生评估计划（PISA）和其他各种国际评估提供了识别高绩效国家和支持其学生成绩之政策的重要机制。此外，与美国相比，高绩效国家的学生往往向其他国家学习了大量的东西，而且很多学生从很小的年纪就开始学习第二语言。因此，制定教育政策和改革方法的标准，为我们提供了其他国家在做什么的宝贵经验，以确保我们了解世界及其运行状况。

在 21 世纪初期，人们就开始越来越多地关注各国教育政策和教育实践的各种观点。[46]本章借鉴了高绩效国家实施政策改革的经验教训，并将其作为美国决策者一系列建议的基础。本章提出通过如下四项关键策略将全球胜任力作为政策重点：重新定义高中毕业的要求与期望，并将全球胜任力纳入其中；提升教师教授世界知识的能力；使世界语言成为K-12 年级课程的核心组成部分；提供更多的机会使学生与世界相联系。

## 重新定义高中毕业的要求与期望，并将全球胜任力纳入其中

美国教育面临着两个相互交织的挑战。首先是克服学校体制的长期失败，使所有学生，尤其是来自低收入家庭和少数族裔的学生接受高水平的教育。其次是为学生在全球化环境中进入职场并承担公民角色做好准备。要想在全球化的环境中获得成功，就越来越需要拥有在国际范围内参与竞争、联系和合作的能力。

高绩效地区的经验为美国教育系统如何解决这两个相互关联的问题提供了重要见解。一方面，高绩效的教育系统基于这样一种观念，即所有学生都能够达到一个较高的水平，他们这样做是必要的。他们的主张是：所有种族背景和不同能力的学生都能获得进步，这是努力的结果，而不是继承的智慧。这一主张成为学校成功的关键。对所有学生的这种

高期望，被编写进学科标准及跨学科标准中，并经过严谨定义而在课程内容中得以体现，课程的连贯性得以确立，跨年级的课程重叠现象得以减少，同时社会经济和种族群体的不公平现象也在减少。

在制定高质量的通用标准的过程中，高绩效国家努力发展复杂的思维能力，并将其纳入学科内容，以此作为全球胜任力的基础。他们不断挑战学生的归纳和演绎推理能力，发展学生调查世界的能力，比较各种观点之核心的能力，以及从小就开始在不同群体中使用世界语言以沟通思想的能力。在美国，各州对《共同核心州立标准》的使用与调整反映出高标准、全系统的逻辑，这将为有兴趣推进全球胜任力课程教学的教师搭建一个共享的平台，同时确保所有学生都能掌握诸如语言、数学及其他学科的基本技能。

为了了解是否达到了全球胜任力的基础要求，高绩效国家改变了他们的评估系统，利用形成性评价以及更好地利用数据来提高教学绩效，使教师更多地参与评估实践，促进其专业发展，并对支持全球胜任力的推理能力进行更真实的衡量。

在美国，与建立高标准和相关评估系统来说同等重要的是，在国家和地区层面做出努力，将全球胜任力纳入学校整体改造和高中毕业要求。这些要求包括对世界语言能力的期望，以及在科学、数学、英语语言艺术、视觉和表演艺术、美国和世界历史、地理、国际经济学课程中展示全球胜任力的能力。全美的教师们目前设想了各种办法来实施在许多州已经采用的《共同核心州立标准》。这些实施努力提供了一种通过数学、英语语言艺术及其他学科来整合全球知识和技能的理想机会。例如，新泽西州的《2009 年核心课程内容标准》（*2009 Core Curriculum Content*

*Standards*）已得到认可，其中就包含《共同核心州立标准》的内容，将全球胜任力整合其中并纳入了严谨的课程内容和 21 世纪所需的技能。为了确保教师能够教授新的课程内容标准，新泽西州已经启动了一项包括三个阶段的教师专业发展策略，其相关资源也已通过网站予以提供。

随着重新设计初中和高中以解决公平、卓越和全球胜任力问题，各州应该考虑创建国际主题的学校，将其作为学校的样板和教师专业发展的中心。北卡罗来纳州通过构建北卡罗来纳全球学校网络（North Carolina Global Schools Network) 而成为采取这种方式的州。这项全州行动计划的一个关键要素，就是确定和确保在北卡罗来纳州的七个经济开发区（economic development zone）都至少有一个"锚区"(anchor district）得到支持。每个锚区作为实施国际教育最佳实践的重心，要为学生提供典型的语言习得和全球意识以及全球科学、技术、工程和数学（STEM）课程，同时要为教师和管理人员提供国际专业发展的机会。

各学区根据州立的课程内容指南来决定学生有机会学习哪些内容。学区可以进行学术和课程的审核，审核学校目前教授世界知识的成就，考虑如何将国际内容融入现有的课程并考虑如何扩大语言教学，包括通过在线教学的选择。可以确定一种具有明确目标的课程计划，来增加修读包括进阶先修课程（AP 课程）在内的国际导向课程（internationally oriented courses）的学生数量，以促进目标的实现。

各学区也可以利用全球胜任力，将其作为一种集中的方式，来转化学生学业成绩不佳的学校或创建新的学校，以促进学生成绩的提高。例如，亚洲协会国际研究学校网络已经成功地为低收入的少数族裔学生做好读大学的准备，并使他们具备全球胜任力。西雅图学区正在西雅图全市创建 10 所均包括小学、初中和高中学段的国际学校，并将国际教育贯穿于 K-12 年级。学区一位专职国际教育的管理者正在带头开展这项工作。

## 提升教师教授世界知识的能力

高绩效国家通过聚焦招聘、人才准备、优秀教师专业发展，来建立他们的人力资源系统，而不是采取减少教师流失和解聘弱势教师的方法。教师拥有良好的待遇，他们入职前就拥有在一线场所的丰富实习经验，工作后则被看作是专业人员，有机会与同事合作且有职业升迁的途径。通常，学校重视教师面临的挑战，并给他们提供有效的专业发展机会。这在致力于培养学生全球胜任力的体系中，可以发展学生在相互依存的世界中取得成功的能力。评价提供有益的反馈，以提高教学质量。

高绩效国家的经验表明，对发展教师在其所教学科中讲授国际问题的能力进行投资，是一种势在必行的举措。教师必须增加自己关于其他文化的知识并激发个人对这些文化的兴趣，这样他们才能培养学生具有同样的好奇心。

全美各州与正在变得更加全球化的高等教育机构开展合作，利用他们的教师资格认证机制，通过概述教师自身所应具备的全球胜任力的目标来推动教师培训课程方式的变化。教师培训课程必须经历如下这些变化：各文理学系与教育学院之间建立更好的联系，给未来教师提供更多到国外进行学习和教学的机会，就如何将国际内容和观点整合进必修课程提供系统的培训。同样，各州还应通过全球胜任力的视角及其相应的更新对当前的教师专业发展项目予以重新审视。各州可以利用他们的 P-16 委员会（P-16 councils，即从幼儿园到高等教育本科年级）创建国际教学优异的 P-16 合作伙伴关系（P-16 partnerships for international teaching excellence），促进高校国际专家与教育学院及学区之间的联系，并提供包括海外留学和在线课程在内的高质量教师专业发展。

像许多州一样，密歇根州面临着持续的经济挑战，强调要让学生了解和应对全球经济的必要性和价值。密歇根州立大学教育学院与该大学的第六条款区域研究中心（Title VI area studies center）合作，将全球视野和资源注入一门教育专业所有学生必修的、名为教育的社会基础的课程之中。该学院还开设了一门全球教育者课程计划（Global Educators Program），面向有兴趣将全球胜任力融入其教学实践的未来教师们，内容包括面向全球的专业教育课程、课外活动和国际体验。

密歇根州立大学在确定和发展地区重要资源方面也发挥了作用，与密歇根州虚拟高中（Michigan Virtual High School）合作，提供中文在线教学课程。大学的 K-12 外联办公室（Office for K-12 Outreach）则与非营利的密歇根州教育联盟（Education Alliance of Michigan）合作，共同发起资助关于密歇根教育国际化的全州教师专业发展会议。

做好充分准备的教师有兴趣并且能够教他们的学生如何探索世界、分辨不同视角、沟通思想和运用自己的知识让世界有所改变。高绩效的国家已经建立了国家标准，他们越来越多地下放权力，使学校能够达到这些标准。因此，校长和骨干教师的能力变得更为重要。有效领导者的素质包括有能力支持、评价和发展教师的素质，建立明确的学习目标和开展全面的评估，根据教学目标战略性地分配资源，在支持完成学校使命的教育和文化机构、企业组织以及学生家长之间建立合作伙伴关系。

学校领导在将促进全球胜任力作为学校文化的关键优先事项中承担

着重要职责。他们负责建立将全球胜任力作为关键学习目标的基础知识和技能，并支持教师努力将这些目标整合进各自的教学中，以确保所有学生都能达到州和地方的标准。

## 使世界语言成为课程的核心组成部分

要提升美国 K-16 教育体系中世界语言的教学能力，联邦政府必须发挥关键作用，协调各种活动以确保不断变化的国家安全和经济发展对世界语言能力的需求得到满足。联邦的激励措施可以使各州和地方建立并资助语言课程项目，从小学阶段开始并延续至高中阶段。他们还可以促进在线语言学习，鼓励从不同的语言社区招聘和培训语言教师。

美国需要制定能够提升世界语言能力以及建立在有效方法上的长期计划，包括尽早启动语言学习，创造学习的长效机制，采用浸润式教学，注重语言的熟练程度，以及利用相关技术（如在线语言课程）等。可以创建高质量的证书认证方式，以加快对传统社区的语言教师的培训，开发较少讲授的语言课程计划，如汉语和阿拉伯语。

犹他州有着悠久的世界语言发展传统，并拥有丰富的语言资源。这一传统在 2008 年 9 月的州长语言峰会（Governor's Language Summit）上得到了强调，来自工商界、教育界和政府部门的人士共同讨论并创造了一个新的语言教育范例。峰会帮助制定了犹他州语言发展路径图（Utah Language Roadmap)，并成立了州长世界语言和国际教育委员会（Governor's World Language and International Education Council)，这是一个定期开会推进工作的机构。这些举措使得犹他州资助了一位全职的世界语言专家，让他监督开设汉语课程的 96 所中学、开设阿拉伯语的 12 所中学以及 50 个双语浸润式项目（包括 6 个法语项目、14 个汉语项目和 30 个西班牙语项目）。犹他州致力于到 2015 年建成 100 所双语浸润式学校。

其他一些学区也看到了为学生开辟世界语言通道的好处。1999 年，芝加哥公立学校系统意识到芝加哥是一个国际化城市，且中国是其主要的贸易伙伴，因此芝加哥学区在语言和文化教育办公室内新设了一个职位，专门致力于为学校提供更多的亚洲语言和文化研究。此后不久，芝加哥市关于中国语言与文化的项目便在全市三所学校予以开展。该计划迅速普及，到 2010 年，全市有 44 所小学和高中都开设了汉语课程。每所学校中，由家长、教师、行政人员和社区代表组成的学校委员会批准所有的课程、人员编制和预算。芝加哥市支持了美国最大的汉语课程项目，这甚至引起了中国时任国家主席胡锦涛的注意。胡锦涛在 2011 年访美期间专程访问了这座城市。

### 提供更多的机会使学生与世界相联系

想象一下，如果每一所美国学校都与世界另一个地区的学校有持续的合作关系，学生就可以互相学习了。这不仅将使我们的学生准备得更好，也能大幅提升美国的世界形象。

国家和地方的技术资源是学生连接全球的重要资源。各州的技术部门可以鼓励使用来自世界各地的信息资源，以帮助教师通过课堂参与国际合作，增加学生参加国际课程和世界语言在线学习的机会，促进学生在网上参与国际项目。非政府组织如国际教育资源网（iEARN）、理解之桥（Bridges to Understanding）、和平便士（Pennies for Peace）、全球的孩子（Global Kids）、全球画廊（Taking IT global）、理解世界（World

Savvy）等组织正在抓住机会联系年轻人。这些组织渴望与全美各地的学校和学区合作，它们的快速发展说明了它们愿景的及时性。

地方的商业、文化和社区组织可以支持一个地区的国际工作，而国际伙伴关系可以直接致力于发展全球胜任力。例如，芝加哥学区的中文计划就是建立在与中国上海的国际伙伴关系之上的，这给语言教师提供了访学机会。国际理解中心（Center for International Understanding）的文化记者计划是通过与北卡罗来纳州立大学的合作而开展的，让北卡罗来纳州幼儿园至八年级的学生与北卡罗来纳州立大学出国学习的大学生建立联系，从而让孩子们知道生活在另一个国家是怎样的状况。学校课程与学习的标准课程相联系，支持着学生全球胜任力的发展。孩子们与在澳大利亚、丹麦、厄瓜多尔、英国、加纳、日本、摩洛哥、西班牙、新西兰和其他国家学习的北卡罗来纳州立大学学生一起学习着。

## 结论：在全球范围内不懈地追求卓越和公平

在经济合作与发展组织（OECD）成员国中，美国是对面临较大社会经济挑战的公立学校投入很少资源的三个国家之一。[47]高绩效国家将资源投入到能最大程度改善学生学习的地方，包括通过激励措施将教师安排到最需要的地区等举措。课程标准指导着面向所有学生的教学与评估，进行合理的结构调整以减少追踪小学和初中，并为高中成功提供更多的选择。尽管重点是要建立面向所有学生的有效教育系统，但仍要采取有效的激励机制和战略定位来转变低绩效学校的面貌。

最根本的是，高绩效国家系统地实施政策和进行实践，提升**所有**学生在全球经济中的表现能力，在全球化时代表现出一种不懈追求卓越和公平的精神。给予所有学生在全球时代取得成功所需的知识、技能和观点，这是一项需要加强各级领导力的任务。学校、学区、州和联邦政府必须共同努力，提升美国教育以满足 21 世纪的需要。"将世界纳入世界一流教育"的成本是相当高的，但不这样做的代价则将更为巨大。

**请你思考**

1. 学区或州的政策制定者是否把全球胜任力看作是教育的一个重点？我们需要做些什么来证明它应该是这样的呢？

2. 你所在学区或州的实践和政策与世界各地高水平学校系统相比如何？

3. 目前正在考虑的学区或州教育政策的哪些变化能为所有学生提供一个提升全球胜任力的平台呢？

# 结　语

　　事实上，从气候变化到国家安全再到公共卫生，人们面临的每一个重大问题都具有全球维度。信息技术能确保新闻事件在分秒之间传到世界的各个角落。全世界有超过2亿多的移民，人口的迁徙创造了一个语言和文化多样性的社会。与以往任何时候相比，现在更多的人、文化和国家都需要相互依存，因此这也就要求学生具备以全球视野解决问题的能力，积极有效地参与到全球经济和公民环境中去。简言之，学校必须让学生具备**全球胜任力**。

　　本书定义了作为一种能力和特质的全球胜任力，它能够帮助学生理解和解决具有全球重大意义的问题。在通过严格规范和跨学科研究而建立起来的知识和共识的基础上，具备全球胜任力的学生能够做到以下几点：

　　1. 探索所处环境以外的世界，发现有意义的问题，精心构思研究方法，并着手完成与之年龄相适应的研究工作。

2. 甄别自己和他人的观点，经过自己的深思熟虑，能以谨慎、恭敬的方式予以阐述和解释。

3. 与不同的受众沟通思想，跨越地域、语言、思想和文化上的障碍。

4. 主动采取行动以改善环境，把自己定位为全球中的一员并积极参与其中。

本书所描述的教育工作表明，全球胜任力的开发可以跨越年龄、学科和学校，反映了各个具体学科和跨学科的情形。总而言之，这些例子表明，各个利益相关者的观点、专业知识和承诺都将是培育具有全球胜任力的下一代的必要条件。认识到公共和私营部门在教育中发挥的关键作用，本结语的重点是探讨什么样的利益相关者可以进一步促进全球胜任力的开发培养。这些建议希望各部门采取协同行动将全球胜任力从边缘推向主流，而且并不仅仅局限在美国。有一点是明确的：基于这项计划的广度和深度，教师个人或集体都要率先采取或大或小的行动，而不要等待他人来引领。

## 教师：你们所能做的

· 创建专业学习共同体，通过协同工作，认真地向学生传授课程知识，同时将调查和分析具有全球意义话题的机会留给学生，与不同的受众沟通发现所得，并改善学习环境。

· 找准课程中具有深远影响力的切入点，将学生置于要求严格的全球化调研和研究中，将国家、州以及学校的期望（如《共同核心州立标准》和其他州级标准）作为研究途径，深化对学习和智力的开发。

- 把你的教室和课程与文化教育机构联系起来，让学生有机会学习探索世界，分辨视角，与不同的人群进行沟通，并做到知行合一。这些机构包括博物馆、民间机构（如红十字会、童子军等）、课后拓展学习计划以及非政府组织等，因为它们能够促进学生全球胜任力的开发并培养他们的跨文化交流（理解之桥、全球画廊、理解世界、国际教育资源网等）。
- 利用了解世界不同文化、语言和相互依存系统的机会，拓展你的视野，通过旅行和学习来发展自己的全球胜任力。

## 学校和学区领导：你们所能做的

- 带领你的教育社区深入了解全球胜任力对于每位学生成功的重要性，并考虑学校在 21 世纪的使命是什么。
- 为学校创造机会，系统地研究该如何处理具有全球意义的事项并使之成为学校的文化基石，这可以反映在学校的结构、实践以及与学校以外的人和机构的关系中。
- 试点新方法并巩固现有的模式以促进全球胜任力的开发：从新课程中引入世界语言和国际关注的内容，到面向全球的服务学习和实习机会，为学生和教师提供国际旅行和虚拟交流的机会。
- 根据学校自身和所在地区的特点，打造符合学校特点的最佳经验和实践方法。为感兴趣的利益相关者（教师、管理者、家长、企业）创造条件，以体现其中所蕴含的机遇，并在力所能及的范围内支持他们并扩大他们的涉猎范围。

## 教育政策制定者：你们所能做的

· 审查现有的政策、计划和资助的优先等级，看其是否系统地促进了学校发展学生的全球胜任力。

· 招募、培养和支持有知识、理解力并渴望促进全球理解和教学观点的人员和政策审查委员会。

· 设想和要求一套以绩效为导向的形成性评价和总结性评价，通过真实的绩效和其他有效且公正的学习方式，为学生提供展示和开发全球竞争力的机会。

## 大学和学院：你们所能做的

· 培养一批了解世界并具有全球胜任力的毕业生，他们以自己选择的行业和学习的领域为起点，迎接并参与到竞争激烈但富有创造性的全球大环境中。

· 重新评估和审视教师队伍的培养机制，将教师的国际学习机会充分地融入其中，从本质上提高对未来教授全球胜任力课程的教师的能力要求，并大幅度地加强对其能力发展的支持。

· 鼓励旨在加深对全球胜任力教育需求和机遇的理解的学术研究和评估方案。如揭示参与全球胜任力发展的基本社会认知过程；评估和研究采取不同方式将全球胜任力融入 K-12 年级的课程、评估和授课体系后的效果和影响；全球胜任力教育在学校改革过程中所起作用的审查性研究；改造教育质量表现不佳的学校；使运行情况良好的学校完成从"优秀到卓越"的转变。

· 将开发和培养全球胜任力优先放在高等教育的教学任务和系统实践中，确保学生学会在全球经济和相互依存的世界中如何开展调研、交流和扮演自己的角色，并将全球胜任力作为衡量学生在 21 世纪是否接受过良好教育的基本指标。

本书的相关论述涉及全球胜任力在教育实践和政策方面的基础原理、定义以及表现形式，旨在为那些寻求培养国际型人才的政府部门、教育机构和教师个人提供灵感和实践指导。这里我们所审视的各类学生工作以及来自全球各个地方的教师们的经验表明，教授和学习全球胜任力对于各种类型的学校都是可行的。我们希望你们能运用这些想法，并结合自己的观点，采取行动确保每个学生都能在相互依存的全球环境中，为所要面临的挑战和机遇做好充分的准备。

# 附 录

## 全球胜任力模型

全球胜任力是理解和处理具有全球意义的问题的素养与能力。

| 探索世界 | 分辨视角 | 沟通思想 | 采取行动 |
|---|---|---|---|
| 学生能够探究周边环境之外的世界 | 学生能够分辨自己和他人的视角 | 学生能够与不同背景的人有效沟通自己的思想 | 学生能够将自己的想法转化为适当的行动来改善环境 |
| 学生： | 学生： | 学生： | 学生： |
| ■ 确定一个问题，产生一个问题，并解释地方、区域或全球范围内可研究问题的重要性。 | ■ 认识并表达自己对情境、事件、问题或现象的观点，并确定对这一观点的影响。 | ■ 识别和表达不同的受众可能从相同的信息中感知到不同的含义及其对沟通的影响。 | ■ 识别并创造个人或协作行动的机会，以改善状况的方式来处理情况、事件、问题或现象。 |
| ■ 使用各种语言、国内外资源和媒介识别和权衡相关的证据，以解决全球重大研究问题。 | ■ 审视他人、群体或思想流派的观点，并确定对这些观点的影响。 | ■ 倾听并与不同的人进行有效沟通，使用适当的口头和非口头行为，语言和策略。 | ■ 开展基于证据和潜在影响的评估，并计划行动，将以往做法、不同观点和潜在后果进行综合考量。 |

| 探索世界 | 分辨视角 | 沟通思想 | 采取行动 |
|---|---|---|---|
| 学生能够探究周边环境之外的世界 | 学生能够分辨自己和他人的视角 | 学生能够与不同背景的人有效沟通自己的思想 | 学生能够将自己的想法转化为适当的行动来改善环境 |
| 学生：<br><br>■ 分析、完善和综合收集到的证据，以构建对全球重大研究问题的一致响应。 | 学生：<br><br>■ 解释文化交互是如何影响情境、事件、问题或现象的，包括知识的发展。 | 学生：<br><br>■ 选择并使用适当的技术和媒介与不同的受众进行沟通。 | 学生：<br><br>■ 通过个人或协作行为，做出创造性且符合道德要求的行动，为地方、区域或全球的改进做出贡献，并评估所采取行动的影响。 |
| ■ 提出一个基于有说服力论据和多角度观点的论点，并得出关于全球重大问题的合理的结论。 | ■ 清楚说明对知识、技术和资源的不同获取途径是如何影响生活质量和观点的。 | ■ 反思在一个相互依存的世界中，沟通是如何影响理解和协作的。 | ■ 反思学生在地方、区域或全球范围倡导并促进改善的能力。 |

全球胜任力模型是州首席学校官委员会与亚洲协会全球学习合作伙伴合作推出的 EdSteps 项目的一部分。

版权 2011

www.edsteps.org

## 艺术学科全球胜任力模型

| 探索世界 | 分辨视角 | 沟通思想 | 采取行动 |
|---|---|---|---|
| 学生能够探究周边环境之外的世界 | 学生能够使用艺术学科分辨自己和他人的视角 | 学生能够使用艺术学科与不同背景的人有效沟通自己的思想 | 学生能够使用艺术学科将自己的想法转化为适当的行动来改善环境 |
| 学生： | 学生： | 学生： | 学生： |
| ■ 识别出主题或问题（issues），设计出具有地方、区域或全球意义的可研究问题，并需要进行艺术调查。 | ■ 认识并表达他们自己的艺术观点和感受，并确定这些观点和感受如何受到自己背景和经历的影响；相反，确定他们对世界的观点和感受又是如何受到他们艺术经验的影响的。 | ■ 考察不同的受众对艺术表达的理解和反应的差异。 | ■ 确定现有的和创新的机会，利用艺术，通过个人或协作行动，为地方、区域或全球范围的改进做出贡献。 |
| ■ 识别、观察和诠释各种国内外的视觉或表演艺术、资料和想法，并确定它们与全球重要主题的相关性。 | ■ 考察不同个体、群体和思想流派的艺术观点和感受如何受到他们在世界上的经验的影响，相反，他们对世界的看法又是如何受艺术经验的影响的。 | ■ 欣赏各种形式的艺术表达，运用艺术的方式、形式或媒介与世界各地的观众交流。 | ■ 评估使用艺术和计划行动的各类选择，并综合考量可用的证据、以前的方法和潜在的结果。 |

| 探索世界 | 分辨视角 | 沟通思想 | 采取行动 |
|---|---|---|---|
| 学生能够探究周边环境之外的世界 | 学生能够使用艺术学科分辨自己和他人的视角 | 学生能够使用艺术学科与不同背景的人有效沟通自己的思想 | 学生能够使用艺术学科将自己的想法转化为适当的行动来改善环境 |
| 学生： | 学生： | 学生： | 学生： |
| ■ 分析、完善和综合洞察力，设想并创造一种具有全球意义的主题的艺术表达，并将这样的表达提交给公众评论。 | ■ 解释文化互动如何影响艺术作品、思想、概念、知识和美学的发展。 | ■ 选择并使用适当的技术来提高艺术作品的效果和影响力。 | ■ 利用艺术，通过个人或协作行动，采取创造性的且符合道德要求的行动，为地方、区域或全球范围的改进做出贡献，并评估所采取行动的影响。 |
| ■ 基于有说服力的证据进行批判性对话，并考虑多种观点，以得出关于一件艺术品之有效性的合理结论，阐明具有全球意义的主题。 | ■ 尽管对知识、技术和资源的获取途径不同，探索并描述个人和团体如何产生有意义的艺术，使世界各地的人们相互联系和交流。 | ■ 反思艺术在一个相互依存的世界中如何影响理解和协作。 | ■ 反思学生通过艺术在地方、区域或全球范围倡导并促进改善的能力。 |

　　全球胜任力是理解和处理具有全球意义的问题的素养和能力。全球胜任力模型有助于解释全球胜任力以及如何应用它。它们是州首席学校官委员会与亚洲协会全球学习合作伙伴合作推出的 EdSteps 项目的一部分。

www.edsteps.org

## 英语语言艺术的全球胜任力模型

| 探索世界 | 分辨视角 | 沟通思想 | 采取行动 |
|---|---|---|---|
| 学生能够探究周边环境之外的世界 | 学生能够分辨自己和他人的视角 | 学生能够与不同背景的人有效沟通自己的思想 | 学生能够将自己的想法转化为适当的行动来改善环境 |
| 学生： | 学生： | 学生： | 学生： |
| ■ 探索一系列国内外的文本和媒介，以确定并构建具有地方、区域或全球意义的可研究的问题。 | ■ 认识并表达自己对情境、事件、问题或现象的看法，并根据不同时期和不同文化背景下与不同文本和媒介的接触，确定该观点是如何发展或改变的。 | ■ 认识和表达不同的受众可能从相同的文本或媒介中感受到的不同含义，以及这些不同的观点是如何影响沟通和协作的。 | ■ 识别并创造个人或协作行动的机会，通过阅读、写作、演讲和倾听来解决情况、事件和问题以改善条件。 |
| ■ 使用各种国内外的资源、媒介和语言来识别和权衡相关证据，以解决全球重大研究问题。 | ■ 从世界各地的文本和媒介中审视他人、团体或思想流派的观点，并确定文本和媒介对这些观点的影响。 | ■ 使用适当的语言、行为、语言艺术策略（阅读、写作、听力和口语）和非语言策略有效地与不同的受众进行沟通。 | ■ 根据文本和媒介的证据和潜在影响，评估各类选择和计划行动，并综合考量以前的做法、不同的观点和潜在的结果。 |
| ■ 分析、完善、综合，并适当引用收集到的证据，以构建对全球重大研究问题的一致回应。 | ■ 解释文本或媒介内部及周围的文化互动对所描述的情境、事件或主题的重要性以及读者对这些文本和媒介的理解。 | ■ 选择并使用适当的技术、媒介和文学流派，与不同的受众分享见解、发现、概念和建议。 | ■ 运用语言艺术技能，采取创造性且符合道德要求的行动，为可持续的改进做出贡献并评估行动的影响。 |

| 探索世界 | 分辨视角 | 沟通思想 | 采取行动 |
|---|---|---|---|
| 学生能够探究周边环境之外的世界 | 学生能够分辨自己和他人的视角 | 学生能够与不同背景的人有效沟通自己的思想 | 学生能够将自己的想法转化为适当的行动来改善环境 |
| 学生： | 学生： | 学生： | 学生： |
| ■ 基于有说服力的证据，考虑多种观点，提出一个合乎逻辑且令人信服的论点，并得出关于全球重大问题的合理的结论。 | ■ 探索和描述不同类型、不同时期、不同地点的不同文化和文学作品之间的差异是如何影响人们的视角和生活质量的。 | ■ 反思不同类型的沟通在相互依存的世界中是如何影响理解和协作的。 | ■ 反思阅读、写作、倾听和演讲如何有效地促进学生在地方、区域或全球范围倡导并促进改善的能力。 |

全球胜任力是理解和处理具有全球意义的问题的素养和能力。全球胜任力模型有助于解释全球胜任力以及如何应用它。它们是州首席学校官委员会与亚洲协会全球学习合作伙伴合作推出的 EdSteps 项目的一部分。

www.edsteps.org

## 数学学科的全球胜任力模型

| 探索世界 | 分辨视角 | 沟通思想 | 采取行动 |
|---|---|---|---|
| 学生能够探究周边环境之外的世界 | 学生能够分辨自己和他人的视角 | 学生能够与不同背景的人有效沟通自己的思想 | 学生能够将自己的想法转化为适当的行动来改善环境 |
| 学生： | 学生： | 学生： | 学生： |
| ■ 从数学或统计的方法出发，确定并构建具有地方、区域或全球意义的可研究的问题。 | ■ 认识和表达他们自己的观点及对世界的理解，并确定数学和统计是如何影响和增强这种观点和理解的。 | ■ 认识和表达不同的受众可能从相同的数学或统计信息中理解不同的含义，以及这种理解是如何影响沟通和协作的。 | ■ 识别并创造机会去使用数学或统计分析，使个人或协作行动能够改善现有条件。 |
| ■ 选择或构建适当的数学或统计模型与方法，以解决具有全球意义的可研究的问题。 | ■ 考察他人、群体或思想学派的观点如何影响数学和统计结果的解释和应用；反之，对获取数学和统计数据的理解又是如何影响这些观点的。 | ■ 使用适当的语言、行为、数学和统计表示，与不同受众进行有效沟通。 | ■ 使用数学或统计描述、表示或模型来计划。衡量和捍卫合理且合乎道德的行为，以解决具有全球意义的重大问题，并综合考量以前的做法、不同的观点和潜在的结果。 |

| 探索世界 | 分辨视角 | 沟通思想 | 采取行动 |
|---|---|---|---|
| 学生能够探究周边环境之外的世界 | 学生能够分辨自己和他人的视角 | 学生能够与不同背景的人有效沟通自己的思想 | 学生能够将自己的想法转化为适当的行动来改善环境 |
| 学生：<br><br>■ 进行评估，并综合使用数学或统计分析，以获取或回顾证据，得出结论，并作出有关全球重大问题的决策。<br><br>■ 解释并应用数学或统计分析的结果来发展和维护关于全球重大问题的观点。 | 学生：<br><br>■ 解释数学知识的发展是基于不同文化的贡献并受文化互动影响的，以及社会和文化又是如何受数学影响的。<br><br>■ 探索和描述对数学和统计知识、技术和资源的不同获取途径是如何影响个人和社会生活的观点和质量的。 | 学生：<br><br>■ 选择并使用适当的技术和媒介来为不同的受众和目的进行建模、分析、表达和交流数学思想。<br><br>■ 反思数学如何在一个相互依存的世界中促进跨文化交流和协作。 | 学生：<br><br>■ 运用数学和统计学，通过个人或团队协作的方式，采取具有创造性且符合道德的行动，为可持续的改进做出贡献，并评估行动的影响。<br><br>■ 反思数学和统计数据如何有效地促进学生在地方、区域或全球范围倡导改善的能力。 |

全球胜任力是理解和处理具有全球意义的问题的素养和能力。全球胜任力模型有助于解释全球胜任力以及如何应用它。它们是州首席学校官委员会与亚洲协会全球学习合作伙伴合作推出的 EdSteps 项目的一部分。

www.edsteps.org

## 科学学科的全球胜任力模型

| 探索世界 | 分辨视角 | 沟通思想 | 采取行动 |
|---|---|---|---|
| 学生能够探究周边环境之外的世界 | 学生能够通过学习科学，分辨自己和他人的视角 | 学生能够与不同背景的人有效沟通自己的思想 | 学生能够使用科学知识与技术将自己的想法转化为适当的行动来改善环境 |
| 学生： | 学生： | 学生： | 学生： |
| ■ 从科学方法或科学问题出发，确定并构建具有地方、区域或全球意义的可研究的问题。 | ■ 认识并表达他们自己对情境、事件、问题或现象的看法，并确定他们对整个世界的理解是如何受到科学的影响的。 | ■ 认识和表达不同的受众对不同科学信息的理解和/或对相同的科学信息做出不同的假设，以及这对沟通和协作的影响。 | ■ 识别并创造机会，在科学分析或调查中，可以使个人或协作行动改善现有条件。 |
| ■ 利用各种国内外资源确定和衡量相关的科学证据，以解决具有全球意义的可研究的问题。 | ■ 研究科学的认知方法，了解和观察其他人、团体和思想流派的科学观点，并确定对这些观点的影响。 | ■ 使用不同的科学实践、行为和策略，以口头和非口头的方式与不同的受众有效沟通科学信息，包括国际科学界。 | ■ 根据科学证据和可能产生的影响，评估各种选择、计划行动和设计方案，并综合考量以前的做法、不同的观点和潜在的结果。 |
| ■ 设计并进行一项科学调查，收集和分析数据，构建合理和一致的结论，并提出进一步的具有全球意义的研究。 | ■ 解释文化互动如何影响科学知识的发展。 | ■ 选择并使用适当的技术和媒介与世界各地的专家和同行交流科学和分享数据。 | ■ 采取具有创造性且符合道德要求的行动，实施基于科学的解决方案，促进可持续的改进，并评估行动的影响。 |

| 探索世界 | 分辨视角 | 沟通思想 | 采取行动 |
| --- | --- | --- | --- |
| 学生能够探究周边环境之外的世界 | 学生能够通过学习科学，分辨自己和他人的视角 | 学生能够与不同背景的人有效沟通自己的思想 | 学生能够使用科学知识与技术将自己的想法转化为适当的行动来改善环境 |
| 学生： | 学生： | 学生： | 学生： |
| ■ 解释并应用科学调查的结果来发展和捍卫关于全球重大问题的多维度观点。 | ■ 探索和描述对科学知识的不同获取途径所带来的结果，以及这些知识的潜在益处。 | ■ 反思在一个相互依存的世界中沟通是如何有效地影响科学理解和国际协作的。 | ■ 反思科学知识和技能如何有效地促进学生在地方、区域或全球范围倡导改善的能力。 |

全球胜任力是理解和处理具有全球意义的问题的素养和能力。全球胜任力模型有助于解释全球胜任力以及如何应用它。它们是州首席学校官委员会与亚洲协会全球学习合作伙伴合作推出的 EdSteps 项目的一部分。

www.edsteps.org

## 社会研究的全球胜任力模型

| 探索世界 | 分辨视角 | 沟通思想 | 采取行动 |
|---|---|---|---|
| 学生能够探究周边环境之外的世界 | 学生能够分辨自己和他人的视角 | 学生能够与不同背景的人有效沟通自己的思想 | 学生能够将自己的想法转化为适当的行动来改善环境 |
| 学生： | 学生： | 学生： | 学生： |
| ■ 从社会科学的调查出发，确定并构建具有地方、区域或全球意义的可研究的问题。 | ■ 认识并表达自己对情境、事件、问题或现象的观点，并确认这些观点的文化、社会、经济、政治、地理和历史影响。 | ■ 认识和表达不同的受众可能会以不同的方式并为不同的目的解释和使用相同的信息，以及这样的做法是如何影响沟通和协作的。 | ■ 确定并为个人和协作行动以及公民参与创造机会，为可持续改善和生活质量做出贡献。 |
| ■ 从主要和次要文件中识别和权衡相关的证据，使用各种国内外的资源、媒介和语言，以解决具有全球意义的可研究的问题。 | ■ 在个人、团体和／或思想流派的观点中，考察地点、时间、文化、社会和资源的作用。 | ■ 运用社会科学家的语言，调整他们的交流和行为模式，并与不同的受众进行有效互动。 | ■ 评估各种选择、计划行动和参与公众讨论，并综合考量以前的做法、不同的观点和潜在的结果。 |
| ■ 在社会科学中运用知识、方法和关键技能分析、完善和综合证据，加深学生对全球重大问题的理解和构建连贯的反应。 | ■ 解释个人、社会、事件和知识的发展是如何受到思想、商品、资本和人的运动及相互作用的影响的。 | ■ 选择和使用技术和媒介来创造产品，表达观点，并与不同背景的人群进行交流与合作。 | ■ 做出创造性的且符合道德要求的行动，以社会科学的知识与方法为基础，促进可持续的改进，并评估行动的影响。 |

| 探索世界 | 分辨视角 | 沟通思想 | 采取行动 |
|---|---|---|---|
| 学生能够探究周边环境之外的世界 | 学生能够分辨自己和他人的视角 | 学生能够与不同背景的人有效沟通自己的思想 | 学生能够将自己的想法转化为适当的行动来改善环境 |
| 学生：<br><br>■ 提出一份有说服力的基于社会科学证据和多种观点的报告，这一报告能够展示对全球问题的理解，并提出新的问题和／或倡导新的行动。 | 学生：<br><br>■ 探索和描述地缘政治差异及获取知识、资源和技术的途径是如何影响世界各地人民的生活选择和生活质量的。 | 学生：<br><br>■ 反思在一个相互依存的世界中沟通是如何影响或阻碍理解、合作、谈判和外交的。 | 学生：<br><br>■ 反思学生如何利用社会科学在地方、区域和全球范围倡导并促进改善的能力。 |

全球胜任力是理解和处理具有全球意义的问题的素养和能力。全球胜任力模型有助于解释全球胜任力以及如何应用它。它们是州首席学校官委员会与亚洲协会全球学习合作伙伴合作推出的 EdSteps 项目的一部分。

www.edsteps.org

## 世界语言的全球胜任力模型

| 探索世界 | 分辨视角 | 沟通思想 | 采取行动 |
|---|---|---|---|
| 学生能够探究周边环境之外的世界 | 学生能够分辨自己和他人的视角 | 学生能够与不同背景的人有效沟通自己的思想 | 学生能够将自己的想法转化为适当的行动来改善环境 |
| 学生： | 学生： | 学生： | 学生： |
| ■ 运用语言和文化的知识来识别问题，并构建具有地方、区域或全球意义的可研究问题的框架。 | ■ 认识和表达他们自己对世界的观点和理解，并确定语言和文化是如何影响和形成这些观点和理解的。 | ■ 认识和表达具有语言差异的人如何从相同的词语或非语言的线索中感知不同的含义，以及这样的做法是如何影响沟通和协作的。 | ■ 使用他们自己的母语和文化来识别和创造促进个人或协作行动的机会，以改善条件。 |
| ■ 在目标语言中使用各种国内外的资源、媒介和经验，以识别并衡量相关的证据，并解决具有全球意义的可研究的问题。 | ■ 审视他人、群体或思想流派的观点，以及语言和文化是如何影响这些观点的。 | ■ 使用目标语言进行人际交流、解释和表述，包括适当的口头和非口头行为和策略，与目标文化进行沟通。 | ■ 利用语言和文化知识来评估选项和计划行动，并综合考量以前的做法、不同的观点和潜在的结果。 |
| ■ 分析、完善和综合证据，考虑文化和语言环境，构建适合全球重大问题的一致反应。 | ■ 解释文化和语言的相互作用如何影响情境、事件、问题、思想和语言，包括知识的发展。 | ■ 选择并使用适当的技术和媒介与目标语言的母语使用者进行联系，提供全球意义上的信息、概念或想法，并/或在目标语言中开发有创意的产品。 | ■ 利用他们自己的母语和学习语言及跨文化知识，采取具有创造性且符合道德要求的行动，通过个人和协作的方式，为可持续的改进做出贡献，并评估行动的影响。 |

| 探索世界 | 分辨视角 | 沟通思想 | 采取行动 |
|---|---|---|---|
| 学生能够探究周边环境之外的世界 | 学生能够分辨自己和他人的视角 | 学生能够与不同背景的人有效沟通自己的思想 | 学生能够将自己的想法转化为适当的行动来改善环境 |
| 学生：<br>■ 利用他们对语言和文化的了解，提出一个基于有说服力的证据和多角度观点的论点，并得出关于全球重大问题的合理的结论。 | 学生：<br>■ 探索和描述不同层次的语言能力和知识、技术和资源是如何影响个人和社会的生活质量的。 | 学生：<br>■ 反思不同语言的使用和知识如何促进有效的沟通、理解以及不同文化间的协作。 | 学生：<br>■ 反思一种或多种语言的熟练程度如何促进学生在地方、区域或全球范围倡导改善的能力。 |

　　全球胜任力是理解和处理具有全球意义的问题的素养和能力。全球胜任力模型有助于解释全球胜任力以及如何应用它。它们是州首席学校官委员会与亚洲协会全球学习合作伙伴合作推出的 EdSteps 项目的一部分。

www.edsteps.org

# 致　谢

感谢教育步骤全球胜任力项目组的同事们，他们的卓越知识和合作努力使得我们能够很好地界定作为本书之基础的全球胜任力。我们对亚洲协会国际研究学校网络、国际文凭组织以及哈佛大学零点项目的教师、学生和领导们致以谢意，感谢他们提供了鼓舞人心的全球教育案例。我们要特别感谢亚洲协会的希瑟·辛格马斯特（Heather Singmaster），感谢他以非常专业的方式管理着这一项目；同时对哈佛大学零点项目的弗洛西·蔡（Flossie Chua）表达谢意，感谢她对本书早期文本的编辑评论。我们还要感谢州首席学校官委员会的玛格丽特·米勒（Margaret Millar）和柯尔斯顿·泰勒（Kirsten Taylor），她们在本书的形成过程中给予了我们始终如一的支持。

# 参考文献（尾注）

[1] Gardner, H. (2007). *Five minds for the future*. Boston: Harvard Business School; Gardner, H. (2004). How education changes: Considerations of history, science, and values. In Nussbaum, M. (2002). Education for citizenship in an era of global connection. *Studies in Philosophy & Education, 21*(4), 289–303; Reimers, F. (2009). "Global competency" is imperative for global success. *Chronicle of Higher Education, 55*(21), A29; Reimers, F. (2006). Citizenship, identity and education: Examining the public purposes of schools in an age of globalization. *Prospects (Paris, France)*, 36(3), 275–294. Retrieved from EBSCO*host*; Stewart, V. (2007). Becoming citizens of the world. *Educational Leadership, 64*(7), 8–14; Suarez-Orozco, M., & Qin-Hilliard, D. (Eds.), *Globalization: Culture and education in the new millennium*. Berkeley & Los Angeles, California: University of California Press.

[2] Coatsworth, J.H. (2004). Globalization, growth, and welfare in history. In M. Suarez-Orozco & D. Qin-Hilliard (Eds.), *Globalization: Culture and education in the new millennium*. Berkeley & Los Angeles, California:

University of California Press.

3 Gardner, H. (2009). *Five minds for the future*. Boston: Harvard Business School Press.

4 Darling-Hammond, L. (2010). *The flat world and education: How America's commitment to equity will determine our future*. New York: Teachers College Press; Wagner, T. (2008). *The global achievement gap: Why even our best schools do not teach the new survival skills our children need, and what we can do about it*. New York: Basic Books.

5 New Commission on the Skills of the American Workforce. (2008). *Tough choices or tough times*. National Center on Education and the Economy (p. 6). Retrieved April 30, 2010, from http://www.skillscommission.org/pdf/exec_sum/ToughChoices_EXECSUM.pdf.

6 Levy, F., & Murnane, R. (2004). *The new division of labor: How computers are creating the next job market*. New York: Russel Sage; Wagner, T. (2008). *The global achievement gap: Why even our best schools do not teach the new survival skills our children need, and what we can do about it*. New York: Basic Books; Partnership for 21st Century Skills. (2010). Framework Definition. Retrieved April 30, 2010, from http://www.p21.org/documents/P21_Framework_Definitions.pdf.

7 UN Department of Economic and Social Affairs Population Division. (2008). *International migrant stock: The 2008 Revision*. Retrieved April 30, 2010, from http://esa.un.org/ migration/index.asp?panel=1.

8 UN Department of Economic and Social Affairs Population Division. (2008).

*International migrant stock: The 2008 revision.* Retrieved April 30, 2010, from http://esa.un.org/ migration/index.asp?panel=1.

[9] Levitt, P., & Lamba, D. (2009). It's not just about the economy, stupid— Social remittances revisited. Migration Information Source. Retrieved April 30, 2010, from http://www. migrationinformation.org/Feature/ display.cfm?id=783.

[10] Suárez Orozco. (2008). *Learning in a global era: International perspectives on globalization and education.* Berkeley: University of California Press; Süssmuth, R. (2008). On the need for teaching intercultural skills. In Suárez Orozco (Ed.), *Learning in a global era: International perspectives on globalization and education.* Berkeley: University of California Press.

[11] Suárez Orozco, C., Suárez Orozco M., Todorova I. (2008). *Learning a new land: Immigrant students in American society.* Cambridge: Harvard University Press.

[12] Suárez-Orozco, M., & Sattin, C. (2007). Wanted: Global citizens. *Educational Leadership, 64*(7), 58–62; Suárez-Orozco, M.M. (2005). Rethinking education in the global era. *Phi Delta Kappan*, 87(3), 209–212. Retrieved from EBSCO*host*; Suárez-Orozco, M.M. (2001). Globalization, immigration, and education: the research agenda. *Harvard Educational Review*, 71(3), 345–365. Retrieved from EBSCO*host*.

[13] Sachs, J. (2008). *Common wealth: Economics for a crowded planet.*

London: Penguin Press.

[14] Sachs, J. (2008). *Common wealth: Economics for a crowded planet.* London: Penguin Press.

[15] National Research Council. (2010). *Adapting to the impacts of climate change.* In *America's climate choices series* (p. 1). Retrieved April 30, 2010, from http://dels.nas.edu/resources/static- assets/materials-based-on-reports/reports-in-brief/Adapting_Report_Brief_final.pdf.

[16] Haste, H. (2007) Good thinking: The creative and competence mind. In A. Craft, H. Gardner, & G. Claxton. *Creativity wisdom and trusteeship.* Thousand Oaks, CA: Corwin Press.

[17] Sachs, J. (2008). *Common wealth: Economics for a crowded planet.* London: Penguin Press.

[18] Gardner, H. (2006). *Five minds for the future.* Boston: Harvard Business School Press.

[19] National Governors Association and Council of Chief State School Officers. (2010). Common core state standards: Preparing America's students for college and career. Washington, DC.

[20] Darling-Hammond, L. (2010). *The flat world and education: How America's commitment to equity will determine our future.* New York: Teachers College Press; Stewart, V. (2005). A world transformed: How other countries are preparing students for the interconnected world of the 21st century. *Phi Delta Kappan,* 87(3), 229–232; Kagan, S.L., & Stewart, V. (2004). Putting the world into world-class education: Introduction.

全球胜任力
—— 融入世界的技能

*Phi Delta Kappan,* 86(3), 195–196; Kagan, S.L., & Stewart, V. (2004). International education in the schools: The state of the field. *Phi Delta Kappan,* 86(3), 229–241.

21  Council of Europe. (2002). *Maastricht global education declaration: A European strategy framework for improving and increasing global education in Europe to the year 2015.* Retrieved April 30, 2010, from http://www.isn.ethz.ch/isn/Digital-Library/Primary-Resources/ Detail/?ots591= 69f57a17-24d2-527c-4f3b- b63b07201ca1&lng= en&id=113616.

22  Global Schools Partnership, Department for International Development. Retrieved April 30, 2010, from http://www.dfid.gov.uk/Documents/ funding/global%20schools/pil- section1.pdf.

23  APCEIU. (2005). National curriculum framework for school education. *Journal of Education for International Understanding, 1*(pilot issue), 49–66.

24  Mundy, K. (2007). Charting global education in Canada's elementary schools: Provincial, district and school level perspectives (p. 9). Retrieved April 30, 2010, from http:// www.unicef.ca/portal/Secure/ Community/508/WCM/EDUCATION/Global_ Education_in_Canada_ UNICEF_OISE.pdf.

25  Boix Mansilla, V. (2010). *Interdisciplinary teaching in international baccalaureate schools.* Cardiff International Baccalaureate Press; Boix Mansilla, V. (2005). Assessing student work at disciplinary

crossroads. *Change Magazine 37*(1); Boix Mansilla, V., & Gardner, H. (2007). Disciplining the mind to prepare the young for tomorrow's world. *Educational Leadership, 65*(5), 14–19; Gardner, H. (2000). *The disciplined mind: Beyond facts and standardized tests, The K–12 education that every child deserves.* New York: Penguin Putnam; Gardner, H. (1991). *The unschooled mind: How children think and how schools should teach.* New York: Basic Books.

26 Boix Mansilla, V., Miller, C. M., & Gardner, H. (2000). On disciplinary lenses and interdisciplinary work. In Wineburg, S., & Grossman, P. (Eds.), *Interdisciplinary curriculum: challenges to implementation.* Teachers College Press: New York.

27 Boix Mansilla, V. (2010). *Teaching for interdisciplinary understanding in International BaccalaureateSchools.* Cardiff: International Baccalaureate.

28 Images reprinted with permission © Preschools and Infant-toddler Centers, Istituzione of the Municipality of Reggio Emilia, from the book *Making Learning Visible: Children as Individual and Group Learners.* © 2001 Reggio Children, The President and Fellows of Harvard College, and the Municipality of Reggio Emilia. Reggio Emilia, Italy: Reggio Children.

29 The globalization unit was developed by Michael in conjunction with the interdisciplinary studies team led by Veronica Boix Mansilla at Project Zero. See Boix Mansilla & Gardner (2003).

30 National Governors Association and Council of Chief State School Officers. (2010). Common core state standards: Preparing America's students for college and career (p. 7). Washington, DC.

31 Kuhn, D. (2008). *Education for thinking*. Cambridge: Harvard University Press.

32 Intercultural learning is defined as "acquiring increased awareness of the subjective cultural context (worldview) including one's own and developing greater ability to interact sensitively and competently across cultural contexts as both an immediate and long- term effect of exchange" (p. 2); Bennet, M. (2009). Defining measuring and facilitating intercultural learning: A conceptual introduction to the intercultural education double supplement. *Intercultural Education, 20*, S1–2.

33 Strom, A. (2009). *Identity and belonging in a changing Great Britain*. Facing History and Ourselves. Retrieved from EBSCOhost; Suarez-Orozco, M.M. (2001). Globalization, immigration, and education: the research agenda. *Harvard Educational Review*, 71(3), 345–365. Retrieved from EBSCOhost; Appiah, K.A. (2008). Education for global citizenship. *Yearbook (National Society for the Study of Education)*, 83–99.

34 American Council on the Teaching of Foreign Languages. *National standards in foreign language education*. Retrieved April 13, 2011, from http://www.actfl.org/i4a/pages/index. cfm?pageid=3392.

[35] National Governors Association and Council of Chief State School Officers. (2010). Common core state standards: Preparing America's students for college and career. Washington, DC.

[36] See Fishman, W., Solomon, B., et al. (2004). *Making good making good: How young people cope with moral dilemmas at work*. Cambridge: Harvard University Press.

[37] Perkins, D. (1992). *Smart schools*. New York: The Free Press.

[38] Blythe, T. (1994). Teaching history for understanding. *Teaching for understanding teachers' guide*. San Francisco: Jossey Bass; Boix Mansilla, V., & Gardner, H. (2000). On disciplinary lenses and interdisciplinary work. In S. Wineburg & P. Grossman (Eds.), *Interdisciplinary curriculum challenges of implementation*. New York: TC Press; Boix Mansilla, V., & Gardner, H. (1999). What are the qualities of understanding? In Stone Wiske (Ed.),*Teaching for understanding: A practical framework*. San Francisco: Jossey Bass.

[39] For additional strategies and perspectives on teaching for global competence, see Hicks, D. (2003). Thirty years of global education: A reminder of key principles and precedents. *Educational Review, 55*(3), 265–275; Boix Mansilla, V. (2010). International Baccalaureate Diploma Programme: Teacher support materials for world studies extended essays. Cardiff: International Baccalaureate Organisation; Oxfam Education. (2006). *Education for global citizenship: A guide for schools*. Retrieved February 15, 2011, from http://www.oxfam.

全球胜任力
—— 融入世界的技能

org.uk/education/gc/curriculum/; Oxfam Education. (2007). *The global dimension in action: A curriculum planning guide for schools.* Retrieved February 15, 2011, from http://www.oxfam.org.uk/education/gc/curriculum/; Oxfam Education. (2008). *Getting started with global citizenship.* Retrieved February 15, 2011, from http://www.oxfam.org.uk/education/gc/curriculum/; Oxfam Education. (2006). *Teaching controversial issues.* Retrieved February 15, 2011, from http://www.oxfam.org. uk/education/gc/curriculum/; Moses, A. (2010). *Ways to connect local to global.* Asia Society's Education & Learning Website. Retrieved February 15, 2011, from http:// asiasociety.org/education-learning/school-models/elementary/ways-connect-local- global; *Middle schools and global learning.* Asia Society's Education & Learning Website. Retrieved February 15, 2011, from http://asiasociety.org/education-learning/school-models/secondary/middle-schools-and-global-learning; *Middle and high schools going global.* Asia Society's Education & Learning Website. Retrieved February 15, 2011, from http://asiasociety.org/education-learning/school-models/secondary/middle-and-high-schools-going-global; *The role of afterschool in global learning.* Asia Society's Education & Learning Website. Retrieved February 15, 2011, from http://asiasociety. org/education-learning/afterschool/role-afterschool-global-learning; *Connect local and global.* Asia Society's Education & Learning Website. Retrieved February 15, 2011, from http://asiasociety.org/education-learning/

afterschool/connect-local-and-global; *Teaching strategies*. Facing History and Ourselves Website. Retrieved February 15, 2011, from http://www.facinghistory.org/teachingstrategies; *Lessons, units and outlines*. Facing History And Ourselves Website. Retrieved February 15, 2011, from http://www. facinghistory.org/resources/lessons_units.

[40] For an in-depth review of instruction for deep understanding, see Blythe, T. (1994). Teaching history for understanding. *Teaching for understanding teachers' guide*. San Francisco: Jossey Bass; Boix Mansilla, V., & Gardner, H. (1999). What are the qualities of understanding? In Stone Wiske (Ed.), *Teaching for understanding: A practical framework*. San Francisco: Jossey Bass.

[41] Strom, A., et al. (2010). *What do we do with a difference? France and the debate over headscarves in schools*. Facing History and Ourselves. Retrieved April 13, 2011, from http://www. facinghistory.org/ headscarves.

[42] The framework proposed is informed by Asia Society's International Studies School Network and research conducted at Project Zero, Harvard Graduate School of Education.

[43] Boix Mansilla, V., & Gardner H. (2006). From teaching globalization to teaching for global consciousness. In M. Suarez-Orozco (Ed.), *Globalization and learning*. San Francisco: Jossey Bass; Ritchhart, R. (2004). Intellectual character: What it is, why it matters, and how to get it. San Francisco: Jossey-Bass.

44 American Council on the Teaching of Foreign Languages. (2010). Foreign language enrollments in K–12 public schools.

45 Cunningham, T.H., & Graham, C.R. (2000). Increasing native English vocabulary recognition through Spanish immersion: Cognate transfer from foreign to first language. *Journal of Educational Psychology, 92*(1), 37–49.

46 Asia Society. (2010). International perspectives on U.S. education policy and practice: What can we learn from high-performing nations? Retrieved on April 5, 2011, from http:// asiasociety.org/files/pdf/ learningwiththeworld.pdf.

47 OECD. (2010). Strong performers and successful reformers in education: Lessons from PISA for the United States (p. 250). Retrieved on April 5, 2011, from http://www.oecd.org/ document/13/0,3343,en_2649_35845 621_46538637_1_1_1_1,00.html.

# 译者后记　从国际理解教育到全球胜任力教育

　　继 2014 年翻译舍恩伯格的《与大数据同行——学习和教育的未来》之后，我与华东师范大学出版社再度合作，翻译出版《全球胜任力》一书。全球胜任力（又译全球素养）是近年来教育领域广受关注的话题之一，这在核心素养理念普遍流行于我国基础教育界以及 2018 年经合组织之 PISA 测试关注全球胜任力的今天尤为如此。

　　全球胜任力的内涵可以回溯至联合国教科文组织长期倡导的国际理解教育（education for international understanding），这是一个"富有根基的理念"：从 1925 年到 1974 年的通过教育实现和平（以 1974 年联合国教科文组织第 18 届大会通过《关于教育促进国际理解、合作与和平及教育与人权和基本自由相联系的建议》为标志），再从 1974 年到 1994 年和平文化的创建（以 1994 年主题为"国际理解教育的总结与展望"的联合国教科文组织国际教育局第 44 届国际教育大会为标志）。

　　第 44 届大会通过的宣言以如下的文字表达了各成员国努力实现由 20 世纪向 21 世纪成功过渡的决心：

　　　　不忘我们教育公民的责任，承诺要依据《联合国宪章》、联合国教科文组织《组织法》、《世界人权宣言》以及其他相关的文件如《儿童权利公约》和各项妇女权利公约的字面意义和精神，并依据《关于教育促进国际理解、合作与和平及教育与人权和基本自由相联系的建议》，促进和平、人权和民主。

……相信教育应该完善有助于尊重人权和积极维护这类权利并有助于建设一种和平与民主之文化的知识、价值观、态度和技能等。

……因此，我们，出席第 44 届国际教育大会的各国教育部长，通过这项宣言，并恳请总干事将《行动纲领》提交给教科文组织的大会，这一《行动纲领》允许各成员国和联合国教科文组织，从可持续发展的角度将促进和平、人权和民主的教育纳入到一项前后一致的政策中。

这是人类社会在从 20 世纪向 21 世纪过渡进程中的一种教育决心，亦即从国际理解教育到全球胜任力教育的一种发展。21 世纪以来，世界各主要国际组织如经合组织和亚洲协会以及众多国家和地区均提出了适应 21 世纪知识社会和经济全球化的人才能力框架，描述了 21 世纪学习者应该具备的关键能力或核心素养，而全球胜任力则成为这关键能力或核心素养的一个重要组成部分。

最后想说的是，关于 global competence 一词的中文翻译，应该是"全球胜任力"还是"全球素养"，似乎可以展开讨论，但似乎又显得不那么重要了，因为我们可以从各自的角度对其加以理解。

撰写译者后记的今天，恰逢感恩节，感谢长期以来给予我帮助和支持的所有人，尤其是参与本书翻译的王政吉先生和吴敏女士。

赵中建

2018 年 11 月 22 日

**图书在版编目（CIP）数据**

全球胜任力：融入世界的技能 /（美）韦罗尼卡·博伊克斯·曼西利亚，（美）安东尼·杰克逊著；赵中建译 . — 上海：华东师范大学出版社，2019

ISBN 978-7-5675-9209-4

Ⅰ.①全 ... Ⅱ.①韦 ... ②安 ... ③赵 ... Ⅲ.①高等教育—素质教育 Ⅳ.① G640

中国版本图书馆 CIP 数据核字（2019）第 091288 号

大夏书系·西方教育前沿

# 全球胜任力
## ——融入世界的技能

| | |
|---|---|
| 著　　者 | （美）韦罗尼卡·博伊克斯·曼西利亚　安东尼·杰克逊 |
| 译　　者 | 赵中建　王政吉　吴　敏 |
| 审　　校 | 赵中建 |
| 策划编辑 | 李永梅 |
| 审读编辑 | 张思扬 |
| 封面设计 | 奇文云海·设计顾问 |

| | |
|---|---|
| 出版发行 | 华东师范大学出版社 |
| 社　　址 | 上海市中山北路 3663 号　邮编　200062 |
| 网　　址 | www.ecnupress.com.cn |
| 电　　话 | 021‑60821666　行政传真　021‑62572105 |
| 客服电话 | 021‑62865537 |
| 邮购电话 | 021‑62869887　地址　上海市中山北路 3663 号华东师范大学校内先锋路口 |
| 网　　店 | http://hdsdcbs.tmall.com |

| | |
|---|---|
| 印 刷 者 | 北京季蜂印刷有限公司 |
| 开　　本 | 700×1000　16 开 |
| 插　　页 | 1 |
| 印　　张 | 12 |
| 字　　数 | 136 千字 |
| 版　　次 | 2020 年 1 月第一版 |
| 印　　次 | 2021 年 4 月第二次 |
| 印　　数 | 6 101-8 100 |
| 书　　号 | ISBN 978-7-5675-9209-4 |
| 定　　价 | 49.80 元 |

| | |
|---|---|
| 出 版 人 | 王　焰 |

（如发现本版图书有印订质量问题，请寄回本社市场部调换或电话 021-62865537 联系）